Francis Nachbar

MA RENCONTRE AVEC LE MAL

Michel Fourniret-Monique Olivier

Mareuil
Éditions

Ce livre paraît dans la collection *Jacques Dallest*

Déjà paru dans la collection *Jacques Dallest*
Cold cases, un magistrat enquête Jacques Dallest, 2023
L'écho des ombres, Jean-Yves Labrousse, Camille Labrousse, Constance Bostoen

Pour vous tenir informé des prochaines publications de Mareuil Éditions, rendez-vous sur : www.mareuil-editions.com

ISBN 9782372543231

À mes amours, Isa, Anne, Pierre et Antoine.
Aux familles de toutes les victimes.

« On compare parfois la cruauté de l'homme à celle des fauves, c'est faire injure à ces derniers. »

FIODOR DOSTOÏEVSKI

« Souviens-toi plus tard, quand tu seras grand, que les monstres les plus redoutables sont invisibles. C'est justement ce qui les rend si dangereux. Il faut apprendre à les flairer. »

ROMAIN GARY
(LES ENCHANTEURS)

Sommaire

Préface 9
Prologue 13
1- Sur la piste d'un tueur en série 17
2- « Bien pire que Dutroux » 21
3- « Sher Khan » et « La Mésange » 27
4- Passage à l'acte 39
5- Le pactole 49
6- Un corps découvert à Mourmelon 57
7- « Une jeune fille au front de lumière » 63
8- « La posséder plus facilement » 77
9- Pitoyable mégalomanie 83
10- Deux victimes rescapées 89
11- Découverte d'un corps dans un bois à Sugny 97
12- Un calvaire interminable 103
13- « Et toutes les autres victimes » 107
14- « Grâce à elle, j'ai pu aller jusqu'au bout. » 129
15- Le procès 143
Épilogue 183
Remerciements 185

Préface

Ce livre est celui d'un honnête homme. Magistrat pendant près de quarante ans, Francis Nachbar a exercé son métier avec passion tout en faisant preuve d'une parfaite probité intellectuelle et d'un scrupuleux respect d'autrui. Il fait partie de ces magistrats engagés qui allient détermination, simplicité et modestie, loin des postures idéologiques ou d'un désir effréné de paraître.

L'ouvrage qu'il signe reflète sa personnalité profonde. L'injustice le révulse. Le crime lui fait horreur. Tour à tour juge d'instruction, procureur de la République et procureur général, il a pratiqué cette dernière fonction dans ses trois étapes procédurales successives : la scène du crime qui ouvre l'enquête, l'information judiciaire qui s'ensuit et le procès d'assises qui clôt le long processus judiciaire. Il sait de quoi l'être humain est capable et quels sentiments extrêmes peuvent conduire au passage à l'acte meurtrier.

L'affaire Fourniret-Olivier, ce couple infernal auteur d'une série d'assassinats innommables, l'a profondément et durablement marqué. Comment ne pas être bouleversé par les atrocités répétées dont s'est rendu coupable ce tandem diabolique ?

Il y a quelques années, dirigeant une session de l'ENM (École nationale de la magistrature) consacrée aux crimes de sang, j'avais souhaité faire intervenir Francis Nachbar, qui avait été confronté au pire. Peu de nos collègues ont eu à connaître une affaire de cette ampleur, tant par le nombre effrayant de crimes commis que par la perversité affichée de leurs auteurs. Pour marquer les esprits, j'avais intitulé son intervention « L'affaire Fourniret, plongée dans un cauchemar ». Je lui avais demandé d'évoquer ce dossier avec le regard du magistrat qu'il était mais aussi avec sa sensibilité d'homme. Son récit fut proprement insoutenable. Avec des mots simples et une émotion réelle, il expliqua le déroulement de l'enquête et du procès, devant un auditoire muet, saisi par l'effroi. Son témoignage glaçant fut l'un des moments forts de ce séminaire.

À plusieurs reprises, je lui avais suggéré de coucher sur le papier ces terribles moments vécus à la tête du parquet de Charleville-Mézières. Le témoignage d'un procureur, plutôt rare dans la production littéraire française, me semblait devoir intéresser le monde judiciaire, mais aussi le grand public qui méconnaît ce personnage pourtant si souvent présent dans l'actualité.

Mais le poids de cette affaire était trop fort. Il fallait du temps à Francis Nachbar. Ce n'est que vingt ans après l'arrestation de Michel Fourniret, et quinze ans après son procès, qu'il a eu la force d'évoquer cette affaire en décrivant le rôle qui fut le sien, long, pénible et semé d'embûches. Un cheminement douloureux qu'il raconte dans ces pages, en forme d'exutoire salutaire. Les pages qu'il consacre à la découverte du corps de Jeanne-Marie Desramault sont particulièrement poignantes.

Avec la liberté de parole qui est désormais la sienne, Francis Nachbar expose sa vérité et se fait justice. Sa vérité est celle qu'il retire de sa lecture d'un vaste dossier criminel, de ses relations fructueuses avec les enquêteurs français et belges, de ses échanges surréalistes avec Fourniret, de ses contacts pleins d'émotion avec les familles des victimes et de leurs avocats ainsi que de ses démêlés étonnants avec certains magistrats.

Reconnaissant quelques maladresses sémantiques, il se plaît également à évoquer ses déboires avec certains journalistes prompts à voir en lui un accusateur sans âme et caricatural. Il est heureux que la parole d'un acteur majeur de l'affaire soit portée à la connaissance de tous. Le livre y réussit pleinement.

Francis Nachbar a tout vécu dans cette affaire qu'il a portée depuis ses débuts jusqu'à son jugement final. Il fallait qu'il s'exprime et qu'il offre au public sa vision d'une affaire qui restera dans les annales du crime.

Dans sa cruauté sans nom, le dossier a hanté ses nuits, lui faisant revivre le calvaire subi par les proies du couple Fourniret. Quelles souffrances ont endurées ces jeunes filles et ces jeunes femmes séquestrées à des fins purement sexuelles ! Par quel dérèglement de la pensée ces criminels ont-ils été conduits à perpétrer de tels forfaits ? Revivre par la plume ces moments a été une épreuve pour l'auteur. Il se devait néanmoins de les raconter au plus près de la réalité.

Ses pages ont aussi le mérite d'expliquer la tâche difficile et exigeante qui incombe au procureur de la République, installé au carrefour de la justice et sommé de répondre à toutes les exigences sociétales, même les plus contradictoires.

Sa rencontre avec le mal incarné est l'objet de ce livre impressionnant, écrit avec une plume trempée dans l'émotion et la sincérité. Pour avoir rencontré Michel Fourniret dans sa cellule de la prison d'Ensisheim en juin 2017, je n'ai pas été surpris par son allure générale : un petit homme mince et affairé qui savait qu'il finirait ses jours en détention. Je savais trop bien que les grands criminels ont généralement un aspect banal dont ils usent pour piéger leurs proies.

Une question se pose. Saura-t-on un jour combien de victimes ont perdu la vie parce qu'elles ont eu la malchance de croiser la route de ce prédateur pervers ? Combien de cold cases lui sont imputables ? Quels mystères se dissimulent derrière le parcours de vie d'un Fourniret dont on sait aujourd'hui qu'il a été parsemé d'enlèvements et de meurtres ?

Condamné pour huit assassinats, Michel Fourniret aurait dû être jugé pour trois autres crimes au moins, s'il n'était décédé le 10 mai 2021 à l'âge de 79 ans. Francis Nachbar évoque ce lourd bagage que Fourniret a emporté dans sa tombe.

Le pôle judiciaire spécialisé de Nanterre continue pourtant à travailler sur les agissements de Fourniret avant son arrestation en 2003. Il est bon que la justice française, maintenant armée pour mieux lutter contre les crimes sériels, reste mobilisée même après le décès d'un condamné. Elle doit la vérité aux proches, à toutes ces personnes éplorées qui souhaiteraient être reconnues victimes, et pas seulement parties civiles. Trop longtemps maltraitées par la justice, les disparitions inquiétantes, possiblement criminelles, justifient une implication accrue des parquets. La loi leur donne des armes pour ce faire. Aux magistrats de s'en emparer en associant les proches et leurs avocats aux investigations nécessaires.

La mort de l'auteur du crime met certes fin aux poursuites pénales, mais elle ne fait pas cesser pour autant les tourments des familles des victimes. Un crime non élucidé reste un échec pour la justice et une anomalie sociale. Ce n'est que lorsque tout aura été mis en œuvre pour identifier l'auteur que le dossier pourra être définitivement refermé. Mais avant de le clôturer, les magistrats auront à recevoir les proches, leur parler et les écouter dans un véritable échange où le droit cédera la place à l'humain. C'est à cette condition que les proches accepteront cette issue judiciaire.

Parce qu'il est le récit vrai d'une affaire exceptionnelle, le livre de Francis Nachbar constitue une contribution utile à la connaissance de la justice et à la lourde problématique des tueurs en série. Suivons-le sur ce chemin noir…

Jacques Dallest,
magistrat honoraire

Prologue

« Personne ne sortira indemne de l'affaire Fourniret, pas même vous, monsieur le Procureur. » Fourniret m'a asséné cette sentence quelques minutes seulement après notre première rencontre. C'était le 3 juillet 2004, lors des fouilles dans le parc du château du Sautou, dans les Ardennes, à la recherche des corps de deux de ses victimes, Jeanne-Marie Desramault et Élisabeth Brichet.

Fourniret ne s'est pas trompé. Dix-neuf ans plus tard, cette phrase résonne encore en moi, comme une mauvaise litanie. Non, je ne suis pas sorti indemne de cette affaire judiciaire exceptionnelle, de ces centaines d'heures passées avec Michel Fourniret et sa compagne Monique Olivier. Quinze ans après le procès d'assises de 2008, je me décide à livrer ma part de vérité sur le plus grand couple de criminels en série qu'ait connu la France. Il m'a fallu toutes ces années pour me sentir prêt, dégagé de mes fonctions judiciaires et de toute contrainte. Aujourd'hui, je me sens libre de révéler des aspects ignorés, volontairement ou non, de cette affaire et de certains comportements jusqu'alors méconnus.

Que n'a-t-on pas dit et affirmé sur cette affaire Fourniret-Olivier ! Que d'erreurs, que d'omissions, que de récupérations indignes, que de vanités futiles au regard de la détresse absolue et de l'incroyable dignité de toutes les familles de ces jeunes victimes. Ils se reconnaîtront sans peine ceux qui, comme dans la fable de La Fontaine, « caquettent au plus dru, parlent de tout et n'ont rien vu ».

Je suis, hélas, l'un de ceux qui ont le plus connu Fourniret. Pendant ces quatre longues années, j'ai volontairement pactisé avec le monstre. Je l'ai toujours écouté, feignant montrer de l'intérêt pour ses délires mégalomaniaques. Je l'ai parfois rudoyé, souvent flatté, prenant garde de ne pénétrer si peu soit-il dans ce cerveau malade.

J'étais mû par une double obsession. D'une part, retrouver les corps des jeunes filles identifiées par l'enquête et ensevelies depuis des années, permettant ainsi à leurs parents de leur donner une sépulture digne. D'autre part, obtenir de Fourniret des révélations sur toutes ses autres victimes, notamment pendant cette période d'apparente inactivité criminelle de dix ans pour laquelle aucune victime n'avait pu être identifiée.

Pour ce double objectif, j'ai écouté pendant des années Fourniret me livrer des détails atroces. J'ai touché de très près son extrême cruauté. J'ai résisté à toute manifestation apparente d'indignation ou même de réprobation. Pour cette cause, je me suis surpris à pouvoir me montrer moi aussi d'une très grande froideur face aux horreurs commises, énoncées avec ce ton clinique d'une perversité effrayante. J'ai obtenu des résultats positifs. C'est pour moi une grande fierté. J'ai, hélas, essuyé également des échecs, clous dans le cœur qui ne disparaîtront jamais.

J'ai bien conscience que mon traumatisme est bien peu de chose face à l'indicible douleur des familles, à leurs vies définitivement détruites. Peut-on seulement imaginer leur détresse perpétuelle ?

Dans ce livre, je vais raviver de terribles souvenirs et remettre à jour les événements horribles qu'elles connaissent déjà. Car tout a été écrit ou dit. Rien ne leur a été épargné.

Qu'elles puissent me pardonner par avance, mais je veux que tous connaissent les abominations commises par le couple Fourniret-Olivier, et leur degré de perversité insensée. Je veux tenter de faire comprendre à tous les tourments endurés par les familles et leurs blessures ineffables.

C'est mon devoir de vérité, pour que les victimes soient non seulement entendues mais bien plus encore écoutées, avec la plus grande attention et une réelle empathie tout au long d'un parcours judiciaire éprouvant. Des progrès indéniables ont été réalisés ces dernières années. Ils peuvent à mon sens être approfondis bien plus encore et ne pas se limiter à de seules dispositions juridiques. L'humain doit être notre guide permanent.

Je m'incline devant la remarquable et douloureuse dignité de toutes les familles des victimes. Et je veux leur témoigner un hommage profond.

1

Sur la piste d'un tueur en série

Ma nomination en qualité de procureur de la République à Charleville-Mézières, tribunal départemental des Ardennes, a représenté une forme de consécration. Depuis mon entrée dans la magistrature, en 1983, j'ai toujours considéré cette fonction comme particulièrement importante au regard notamment de l'image que la justice pénale devait donner à tous. Adapter et appliquer une politique pénale dans un département, représenter la société devant les cours d'assises et requérir des peines justes dans les affaires criminelles, s'assurer de l'exécution de toutes les peines, ce qui est encore aujourd'hui loin d'être acquis, gérer et motiver une équipe dans un souci d'efficience maximale, participer à assurer la sécurité de tous nos concitoyens sans faiblesse mais avec discernement, telles étaient les missions principales qui me paraissaient devoir incomber à un procureur.

En janvier 2003, j'arrive donc à Charleville-Mézières avec enthousiasme, animé de cet état d'esprit. Parmi une centaine de procédures en attente, mon prédécesseur tient à m'en signaler quelques-unes qu'il considère comme particulières ou complexes. Deux d'entre elles, aux coïncidences inquiétantes, retiennent mon attention.

Le 16 mai 2000, le père de Céline Saison, jeune fille âgée de 18 ans, signale sa disparition. À l'issue d'une épreuve du baccalauréat blanc dans un lycée de Charleville-Mézières, celle-ci n'est pas rentrée au domicile parental. Discrète, timide, parfaitement équilibrée et heureuse, une fugue est exclue, de même que toute autre cause, hormis une intervention extérieure. Le 31 mai 2000, une information judiciaire est ouverte pour enlèvement, séquestration ou détention arbitraire.

Les multiples recherches entreprises s'avèrent vaines jusqu'au 22 juillet 2000, date à laquelle les services de la gendarmerie de Vrigne-aux-Bois, commune située à onze kilomètres de Charleville-Mézières, sont informés de la découverte d'ossements humains dans un bois situé à Sugny, en Belgique, à proximité immédiate de la frontière. Les enquêteurs belges établissent rapidement qu'il s'agit du corps de Céline, ce qui sera confirmé ultérieurement par un examen anatomique et dentaire. L'information confiée à deux juges d'instruction français cosaisis est étendue au fait de meurtre.

Un rapport d'expertise toxicologique conclut à l'absence de produits psychotropes mais à des traces d'alcool. En raison de la personnalité de Céline, de l'heure et du lieu, une absorption volontaire semble totalement improbable.

L'enquête diligentée conjointement par la police judiciaire de Reims et le commissariat de Charleville-Mézières, sous la direction des juges d'instruction, ne permet pas d'identifier l'auteur de ce meurtre. Si certains rapprochements sont envisagés avec la disparition le 20 décembre 1989 de la petite Élisabeth Brichet, âgée de 12 ans, dans la banlieue de Namur, en Belgique, cela n'apporte pas d'éléments complémentaires utiles.

La seconde affaire dont me parle mon prédécesseur concerne la disparition, le 5 mai 2001 à Sedan, de Mananya Thumpong, 13 ans et demi. Elle s'est rendue un peu plus tôt à la médiathèque mais, à 18 h 30, n'est toujours pas rentrée. Elle est studieuse, réservée, timide et sans aucun problème ; ses parents sont donc particulièrement inquiets.

Une information judiciaire est, là encore, rapidement ouverte pour enlèvement, détention ou séquestration arbitraire. Tous les services régionaux de police judiciaire (SRPJ) de France sont alertés. Des diffusions régionales, nationales et internationales sont lancées. Un numéro vert est mis en place et des recherches sont entreprises en Belgique en raison des similitudes avec la disparition de Céline Saison.

Le 1er mars 2002, le SRPJ de Reims est avisé par la police fédérale de Neufchâteau, en Belgique, de la découverte d'un corps pouvant correspondre. Il se trouve à Nollevaux, une commune située à trente kilomètres de Sedan. La mère de l'enfant identifie formellement les vêtements, une montre et une bague que portait Mananya. En raison du délai écoulé, le médecin légiste ne peut déterminer la cause du décès. L'information judiciaire est cette fois encore étendue au fait de meurtre.

Dès les premiers jours de ma prise de fonction, je procède à une lecture très attentive de ces deux dossiers. Il m'est impossible de croire à une coïncidence, trop d'éléments disent le contraire : la proximité géographique des faits, la découverte des corps, le mode opératoire de leur abandon, la ressemblance physique et morale des victimes, leurs traits de caractère qui excluent toute fugue ou accident, la probable préparation des enlèvements, réalisés en zone urbaine en toute discrétion et sans aucun témoin direct ou indirect… Autant de faits qui me confortent dans l'hypothèse effrayante de la présence d'un tueur en série dans les Ardennes, d'autant plus que l'affaire Dutroux est alors présente dans tous les esprits.

En concertation et avec l'accord des juges d'instruction, Anne Devigne et Pascal Préaubert, j'organise très rapidement une réunion avec les enquêteurs de la police judiciaire de Reims en charge de ces dossiers, le commandant Daniel Bourgard et le capitaine Yannick Jacquemin.

Comme toujours avec la police judiciaire, le courant passe très bien. J'apprécie rapidement le bon sens, le professionnalisme et la franchise des propos de Daniel Bourgard qui n'hésite pas à faire part de ses interrogations ou de ses doutes. Parfaitement secondé par Yannick Jacquemin, il est totalement investi dans ces dossiers.

Nous en parlons pendant des heures, balayant toutes les hypothèses, échafaudant toutes les théories. L'enquête, rigoureusement menée, n'aboutit hélas à aucun élément concret, si ténu soit-il. Les profils des délinquants sexuels inscrits au fichier police dans les Ardennes, les départements voisins et la Belgique ont été analysés, en vain. Seule « une porte reste à fermer », selon le jargon policier, la vague piste d'un cousin malgache de Mananya qui, peu de temps après les faits, est reparti dans son pays. Les juges d'instruction ont rédigé une commission rogatoire internationale pour permettre aux enquêteurs de se rendre sur place et procéder à l'audition de ce témoin. Personne ne croit vraiment à cette piste, mais rien ne doit être négligé. Cette mission doit être effectuée, même sans aucune conviction.

C'est alors que, le 26 juin 2003, un événement considérable se produit. Il va relancer complètement ces deux enquêtes.

2

« Bien pire que Dutroux »

Le 26 juin 2003, madame Stéphanie Janton se présente au commissariat de Beauraing, en Belgique, accompagnée de Marie-Ascension Sangwe, âgée de 13 ans, pour signaler l'enlèvement et la séquestration dont aurait été victime la jeune fille.

Madame Janton explique aux policiers qu'elle circulait au volant de son véhicule sur la route d'Hulsonniaux, à Beauraing, lorsqu'elle a aperçu au milieu de cette route une jeune fille complètement perdue et apeurée qui lui a fait de grands gestes pour qu'elle s'arrête. En pleurs, la jeune fille lui a expliqué avoir fait l'objet d'un enlèvement et d'attouchements sexuels. Madame Santon a remarqué que ses poignets portaient effectivement la marque de liens. Après l'avoir fait monter dans son véhicule, elle a repris la direction de Beauraing, et la petite, un peu calmée, lui a précisé le déroulement des faits.

Alors qu'elle se rendait dans un commerce de Ciney, commune de son domicile, elle a été abordée par un homme qui, sous prétexte de la recherche d'un itinéraire, lui a proposé de monter dans sa camionnette. Face à son refus, il a réussi à l'embarquer de force et l'a ligotée à l'arrière du véhicule. Il lui a précisé qu'il allait la violer car elle ne lui avait pas fait confiance.

Pendant le trajet, elle est parvenue à se libérer de ses liens et, profitant d'un arrêt de la camionnette, a réussi à prendre la fuite.

Madame Janton a demandé à Marie-Ascension de vérifier si, en cours de route, elle pouvait repérer ce véhicule, n'excluant pas l'idée très judicieuse que le ravisseur fasse demi-tour pour la récupérer. À l'entrée de Baronville, elles ont en effet croisé une fourgonnette blanche que la petite a reconnue, ainsi que son conducteur. Madame Janton a noté le numéro d'immatriculation, BMP 967, et s'est rendue aussitôt au commissariat.

Cette immatriculation correspond à une camionnette blanche appartenant à Monique Olivier, épouse de Michel Fourniret, tous deux demeurant à Sart-Custinne en Belgique, à quarante kilomètres du lieu de l'enlèvement.

Dès son retour au domicile, Michel Fourniret est interpellé sans difficulté au volant de ce véhicule. Madame Janton reconnaît formellement cette fourgonnette et Marie-Ascension identifie Fourniret comme étant l'auteur de son enlèvement.

Par la suite, tant devant les enquêteurs que les juges d'instruction, Marie-Ascension donnera des précisions supplémentaires. Pour la persuader de monter dans la fourgonnette, Fourniret lui a indiqué être professeur de dessin et père de famille. Puis, devant son refus, il l'a menacée et l'a poussée à l'intérieur. L'ayant obligée à s'asseoir par terre, Fourniret s'est ensuite arrêté sur un parking, a sorti un lacet en cuir de sa poche et lui a lié fermement les mains. Devant sa résistance, il l'a empoignée, l'a portée à l'arrière de la camionnette et l'a ligotée entièrement. Après lui avoir demandé « de lui donner du plaisir » et lui avoir touché les seins en lui disant « ça pousse un peu », il a fait mine de l'étrangler. Il lui a demandé « de faire l'amour avec lui » et l'a questionnée sur sa virginité. Paniquée, Marie-Ascension a essayé de savoir s'il travaillait pour Dutroux. Fourniret lui a répondu qu'il était « bien pire ». Puis il lui a précisé ses intentions : « avoir du plaisir et la relâcher après », mais le sourire qui accompagnait ses propos ont fait penser à la petite « que c'était fini ».

Ses liens étaient si serrés qu'elle a dû utiliser ses dents pour se libérer. Marie-Ascension présente effectivement des traces de liens très marquées sur les faces internes et externes des poignets, ainsi qu'à la base des chevilles.

Les constatations effectuées sur la camionnette C25 de Fourniret ont en outre permis d'établir l'existence d'un système artisanal de blocage de l'ouverture de la portière passager et de la vitre correspondante.

Entendu le jour même, Fourniret reconnaît être l'auteur de l'enlèvement de Marie-Ascension. Il l'a abordée sous un prétexte, la recherche d'un lieu qu'en réalité il connaissait déjà car il l'avait vue jouer avec ses frères. Face à son refus de monter dans son véhicule, c'est sans violence et par la seule contrainte morale que, selon ses dires, la petite a accepté. Il a effectué un premier arrêt qui a provoqué chez elle une crise de panique, puis il l'a ligotée. Il lui a caressé les seins, lui a dit « qu'elle devenait grande » et lui a annoncé qu'il allait avoir une relation sexuelle avec elle.

Fourniret précise ne pas avoir prémédité ces faits et indique que ses véritables intentions vis-à-vis de la fillette étaient « le besoin de prouver qu'il pouvait être digne de confiance ». Devant le juge d'instruction de Dinant, en Belgique, il ajoute que le motif de cet enlèvement « était à la fois un mélange entre l'envie de provoquer sa panique et une attirance pour sa grâce et sa pureté ».

Lors du procès d'assises, il s'amusera de façon odieuse en précisant : « Il s'est trouvé que j'ai croisé la petite Marie, sa silhouette gracile, avec ses longues jambes qui ne lui permettaient pas de s'installer avec suffisamment de confort sur le siège avant du véhicule… Si j'avais eu un paperboard, je vous aurais fait volontiers un croquis. »

Concernant la possibilité d'une relation sexuelle avec elle, il indique : « Je ne peux pas dire que je suis d'accord sur le fait que je désirais entretenir des relations sexuelles avec elle puisque la relation entre deux êtres, qui ne dépasse pas l'animalité, est médiocre. Peut-être que si cette jeune fille avait été désireuse de mieux me connaître n'aurais-je pas freiné le processus qui aurait abouti à une relation sexuelle. »

Fourniret avoue également lui avoir dit qu'il était « bien pire que Dutroux ». La présence du lacet en cuir dans son véhicule ? Il reconnaît, selon sa phraséologie très particulière, qu'il « pouvait être envisagé d'entraver une jeune fille ». Il affirme par ailleurs qu'en aucun cas il n'avait envisagé de tuer Marie-Ascension, qu'il ne se « sentait pas capable de tuer quelqu'un ». Puis il précise : « Le cas de Marie-Ascension Sangwe ne me préoccupe pas vraiment parce que je pense qu'elle ne restera pas marquée par ce qui s'est passé. Par contre, je suis désolé des conséquences et de la potentialité qui peut maintenant m'être attribuée. » Cynique ou sincère – il est toujours difficile de faire la part des choses avec cet être pervers –, Fourniret expliquera que ce n'est pas un hasard si la jeune fille a réussi à se désentraver. Lui, le soi-disant ancien commando, sait faire des nœuds, et c'est volontairement qu'il a confectionné des liens lâches, « une forme de sabordage », confie-t-il. Ainsi, dès le début, la mégalomanie de Fourniret, son refus pathologique de la seule idée d'une erreur ou d'un échec de sa part, son orgueil délirant, apparaissent. Attitude qui sera la sienne pendant toute l'enquête et la durée de l'instruction.

En réalité, la résistance de la petite, au point qu'il doit l'étrangler à moitié, ses prières à haute voix – Marie-Ascension est très croyante – ainsi que le passage de véhicules sur la route nationale toute proche, perturbent vraisemblablement Fourniret et l'empêchent de vérifier le serrage des liens.

Le courage, le sang-froid et la présence d'esprit de Marie-Ascension, aidée par la lucidité et l'intelligence de madame Janton, vont mettre un terme définitif au parcours criminel du couple Fourniret-Olivier.

3

« Sher Khan » et « La Mésange »

Les perquisitions effectuées à la suite de l'arrestation de Fourniret éclairent rapidement cette affaire d'un jour nouveau.

Au domicile du couple à Sart-Custinne, dans le grenier, on découvre une ouverture triangulaire à même le sol, dans laquelle se trouve un miroir portable. Sous une certaine inclinaison, il permet d'observer les faits et gestes des personnes qui se trouvent dans la salle de bains située en dessous. Fourniret expliquera, avec son vocabulaire ampoulé, qu'il s'agit « d'un observatoire parfait, aux propriétés insolites amusantes ». En réalité, il permet d'observer les jeunes filles au pair hébergées par le couple.

Dans ce grenier, on retrouve également un Riot Gun, un fusil au canon raccourci.

Dans la cave, trois chaînes sont fixées au mur et, à proximité immédiate, se trouvent des coquilles de noix consommées vraisemblablement par des êtres humains. Les explications du couple sur ce point resteront toujours sujettes à caution.

Dans l'atelier, les enquêteurs saisissent des vêtements d'enfants, dont certains féminins, deux revolvers 357 Magnum Manurhin modèle spécial police, un revolver 9 mm Corso Magnum et un étui de ceinture. Les deux revolvers Manurhin spécial police proviennent d'un cambriolage commis par Fourniret en août 1993 dans les locaux de la police aux frontières de Givet, dans les Ardennes. Un autre revolver provenant de ce vol a par ailleurs été découvert en 1994 sur le parking d'un hôpital de Bruxelles, dans un sac contenant également un rouleau de ruban adhésif, des cordes, un slip et une paire de menottes. L'enquête établira que ce matériel a été utilisé par Fourniret pour une tentative d'enlèvement d'une infirmière travaillant dans cet hôpital.

Dans son véhicule, les enquêteurs relèvent également la présence de plusieurs taches de sang sur les parois aménagées, ainsi que des préservatifs, une jupe de petite taille, un masque inhalateur pour enfant, des débris d'une ampoule d'éther et plusieurs liens.

Ils saisissent en outre un engin meurtrier de fabrication artisanale dont on apprendra qu'il devait être utilisé par Fourniret pour tuer le premier mari de Monique Olivier, André Michaux. Placé sous le siège conducteur, cet engin aurait été actionné par la mise en route du véhicule de Michaux.

Après l'arrestation de Fourniret, on récupère, enterrés par Monique Olivier et son fils Selim, trois sachets en plastique, qui contiennent 197 pièces d'or. L'enquête démontrera que cet or provient du magot du gang des postiches, enterré dans un cimetière de la région parisienne, et dérobé par Fourniret après le meurtre de la compagne d'un ex-codétenu, Jean-Pierre Hellegouarch. Ce magot a permis l'acquisition par le couple du château du Sautou dans les Ardennes, puis de leur maison de Sart-Custinne en Belgique.

Devant les enquêteurs belges, Monique Olivier ment effrontément pendant plus d'une année. Elle déclare notamment ignorer les condamnations de Fourniret pour une série de viols et d'agressions sexuelles sur mineures. Elle ajoute même qu'elle ne pouvait pas soupçonner un tel comportement, Fourniret n'ayant aucun penchant pour les jeunes filles.

Pendant un an, des éléments troublants émergent. Le passé pénal de Fourniret, jusqu'alors inconnu des autorités françaises et belges - non seulement à cause de certains dysfonctionnements judiciaires, mais également en raison des règles légales d'effacement de condamnations anciennes –, ressurgit. De même, les proximités géographiques entre les domiciles du couple et les lieux de certains crimes sont mises en évidence. Les enquêteurs belges et français se livrent alors à un travail acharné sur un grand nombre d'affaires non résolues.

La procédure belge permet en outre à la police judiciaire de Dinant d'entendre régulièrement Monique Olivier et Michel Fourniret.

Avec la police judiciaire de Reims, j'ai pu assister, en Belgique, à plusieurs interrogatoires du couple infernal.

Dès les premières auditions, nous avons tous été surpris par l'attitude pour le moins déconcertante de Monique Olivier. Répondre à chaque question lui demandait un temps infini, dix minutes, trente minutes, parfois près d'une heure. Elle tremblotait, ses bras s'agitaient mollement, elle baissait son visage pour le recouvrir de ses longs cheveux noirs, elle oscillait la tête d'avant en arrière ou de gauche à droite, elle grognait ou gémissait, et restait mutique. Il fallait une journée entière pour remplir seulement quatre ou cinq pages du procès-verbal ! C'était particulièrement pénible. « Une punition », dira le juge d'instruction belge, Bernard Claude.

L'interrogatoire enfin terminé, Monique Olivier relisait les questions des enquêteurs et ses réponses avec la plus grande attention, avant de signer.

Elle devenait alors une tout autre femme, parfaitement maîtresse d'elle-même, éveillée et diserte. Toute frayeur, timidité ou hésitation avaient soudainement disparu. Même sa voix avait mué. Une véritable métamorphose. Nous pouvions alors converser normalement avec elle sur des sujets divers qui ne concernaient en rien l'enquête. Ainsi, elle n'hésitait pas à livrer des confidences ou des anecdotes sur sa vie carcérale, à plaisanter parfois. Je me souviens par exemple de ses remarques sur Michelle Martin, l'épouse de Dutroux. « Je suis bien mieux qu'elle », nous a-t-elle dit un jour.

La dualité du personnage nous a beaucoup étonnés. Où trouvait-elle les ressources nécessaires à une telle duplicité, sinon dans ses capacités intellectuelles et ses facultés de dissimulation ? Elle n'avait plus rien de la femme terrorisée et idiote dont elle a remarquablement interprété le rôle jusqu'à la fin.

Il faudra une année entière et 120 interrogatoires pour obtenir les premiers aveux de Monique Olivier. Une année de dénégations au cours de laquelle elle oscille entre la certitude de l'innocence et la culpabilité de son mari. D'un côté, elle estime que « Marie-Ascension est un cas isolé », ajoutant qu'elle ne croit pas Fourniret « capable d'une telle chose », de l'autre elle affirme au contraire qu'elle « le croit capable de faire ça », sans avoir « aucun élément pour l'affirmer », ou encore qu'à chaque fois qu'elle apprenait une disparition, elle se posait la question « de savoir s'il n'avait pas fait une rechute ». Ce ne sont que des aveux très partiels et incomplets au cours desquels Monique Olivier prend bien soin de préciser qu'elle n'a joué aucun rôle dans ces disparitions, mais simplement en avoir eu connaissance. Ainsi, le 22 juin 2004, elle déclare au commissaire Fagnard de la police judiciaire de Dinant : « Je suis maintenant décidée à vous dire la vérité. Je sais, parce qu'il me l'a dit, que mon mari, Michel Fourniret, a déjà tué deux jeunes filles. Je vais vous dire tout ce que je sais sur cela. Je ne l'ai jamais dénoncé et je ne voudrais pas être considérée comme sa complice… Je n'aurais rien pu empêcher. Mon mari partait régulièrement seul avec son véhicule. Il me disait qu'il allait draguer ou chasser. Je sais que son obsession, depuis toujours, est d'avoir des relations sexuelles avec une jeune fille vierge, ce qu'il n'a jamais connu. Quand il revenait, il avait l'habitude de me raconter tout ce qui s'était passé… À deux reprises, il m'a dit que ça s'était terminé par la mort des jeunes filles, qu'il avait dû supprimer pour les empêcher de le dénoncer. Je sais que le nom de ces deux jeunes filles sont Céline Saison et Mananya Thumpong. » Elle affirme encore que jamais son mari ne lui a parlé d'autres victimes, et confirme ses déclarations le jour même devant le juge d'instruction de Dinant.

Huit jours plus tard, elle est entendue à nouveau par la police judiciaire belge et déclare : « Je suis maintenant décidée à être plus complète et à vous dire tout ce que je sais des activités criminelles de mon mari. Depuis le début de notre vie commune, fin 1987, il a, à ma connaissance, tué au moins six femmes, dont Isabelle Laville, Jeanne-Marie Desramault, Farida Hammiche et Élisabeth Brichet. À chaque fois, il était calme, serein et satisfait de lui. » Ce jour-là, Monique Olivier dénonce également la tentative d'agression sexuelle puis le meurtre d'une jeune fille au pair qu'ils hébergeaient à leur domicile de Sart-Custinne, ainsi qu'un projet d'enlèvement d'une infirmière sur un parking d'hôpital de la région bruxelloise, et l'agression sexuelle d'une toiletteuse pour chiens de Namur, madame Joëlle P.

Le lendemain, elle avoue d'autres faits criminels, le meurtre de Fabienne Leroy, ainsi que la tentative de meurtre d'un représentant de commerce, monsieur Sidney Cissou, sur une aire d'autoroute, pour un motif crapuleux. Elle continue bien sûr à minimiser le plus possible sa participation. Le lendemain, elle reconnaît l'enlèvement et le meurtre de Natacha Danais.

En 2005, Monique Olivier ajoutera encore à cette importante liste de victimes les noms de Marie-Angèle Domece et Johanna Parrish, alors que Fourniret et elle-même résidaient à Saint-Cyr-les-Colons dans l'Yonne. Elle précise que depuis qu'ils résident en Belgique, Fourniret effectue « des repérages et des départs en chasse ». Il revient souvent « l'air satisfait » et elle pense « qu'il a assouvi ses pulsions ». Parfois, il lui confie avoir repéré « un beau sujet ou une MSP », c'est-à-dire « une membrane sur pattes », mots abominables que tous deux utiliseront à maintes reprises.

Le 30 juin 2004, après 110 interrogatoires étalés sur une année et au cours desquels il nie fermement tout autre fait délictueux ou criminel, Fourniret est entendu après les premiers aveux de Monique Olivier. Il reconnaît alors être l'auteur des enlèvements et des meurtres d'Isabelle Laville, Fabienne Leroy, Jeanne-Marie Desramault, Élisabeth Brichet, Natacha Danais et Farida Hammiche. Il avoue également la tentative de viol sur Joëlle P. et la tentative de meurtre sur Sidney Cissou. Il continue à contester formellement les meurtres de Céline Saison et Mananya Thumpong, faits qu'il finit cependant par avouer le lendemain.

Comment expliquer ces aveux tardifs, survenus au bout de 230 interrogatoires ?

Les avocats de Monique Olivier ont bien tenté d'invoquer le remords, le repentir et l'emprise de son mari. La personnalité même de Monique Olivier, son intelligence, même soigneusement dissimulée, son absence totale d'humanité et ses traits de caractère de grande perversité ont rapidement réduit à néant ces arguments de circonstance.

Pour ma part, je suis convaincu que les enquêteurs de la police judiciaire belge, avec à leur tête le commissaire Fagnard, parfaitement secondé par l'inspecteur Stéphane Brasseur, ont fait preuve d'un tel engagement, d'un tel entêtement et d'une si grande finesse psychologique qu'ils ont réussi à la « faire craquer ». Persuadés dès le début de l'implication de Fourniret dans d'autres faits, sans toutefois en soupçonner l'ampleur et la monstruosité, convaincus des mensonges et des dissimulations de Monique Olivier, ils ont joué sur tous les registres possibles. Ils connaissaient de surcroît l'esprit de lucre de Monique Olivier, qui a enterré une partie du magot du gang des postiches à la suite du meurtre de Farida Hammiche, et qui est désormais débarrassée de Fourniret, qu'elle a dénoncé sans avouer une quelconque participation de sa part. Les deux policiers ont fort habilement utilisé les autorisations de visite hors surveillance, communément désignées VHS. Le couple a bénéficié à trois reprises de ces rendez-vous de deux heures, sans contrôle, dans un local équipé d'un lit et d'une douche. Quelques jours avant la première VHS, les enquêteurs belges ont multiplié les pressions sur Monique Olivier : perquisitions de la cellule de Fourniret et de l'appartement de Monique Olivier, interrogatoire sous hypnose de Monique Olivier, légalement autorisé en Belgique, test du détecteur de mensonges, convocations tous les deux jours sous différents prétextes avec, bien en apparence sur un bureau voisin, des articles de journaux relatant la condamnation de l'épouse de Dutroux à trente années de réclusion criminelle. La première VHS, quelques jours avant l'interrogatoire ayant abouti aux aveux de Monique Olivier, a fait l'objet d'une sonorisation autorisée par un juge belge. Celle-ci, d'habitude enfermée dans son mutisme, effacée, mimant admirablement une débilité légère, s'est alors montrée sous son vrai jour, celui d'une forte femme au caractère bien trempé et à l'intelligente aiguisée. C'est elle qui dicte à Fourniret sa stratégie de défense. Elle lui indique ainsi que son alibi pour Céline Saison « ne tenait pas la route ». C'est elle qui lui en propose un autre, beaucoup plus difficile à vérifier. C'est elle, enfin, qui rectifie ses erreurs et décide de la conduite à adopter. Face à ces éléments, après une année d'interrogatoires et de pressions fortes, convaincue par le commissaire Fagnard d'échapper à moindres frais à cette situation, Monique Olivier est entrée dans l'engrenage policier dont elle ne pourra plus s'extraire.

Les aveux tout aussi tardifs de Fourniret ont une autre explication. À mon sens, Fourniret, qui connaît les éléments de forte suspicion recueillis pendant toute une année, a compris, après les aveux de son épouse, qu'il n'avait plus d'issue. Son sort était scellé. Désormais seul, il se laisserait guider par son esprit manipulateur pathologique et sa mégalomanie délirante. Il me l'a indiqué à maintes reprises, ainsi qu'aux enquêteurs : « Pour que je vous aide, il faudra être au moins aussi intelligent que moi. » Dans son esprit vaniteux, cela était évidemment impossible, mais il nous faudrait au moins pouvoir lui présenter des preuves ou des indices convaincants afin qu'il consente à orienter les recherches ou passer aux aveux. Ainsi reconnaîtra-t-il très progressivement une partie des enlèvements et des meurtres commis, niant farouchement certains autres, tentant d'invoquer la prescription de l'action publique, puis les avouant implicitement ou formellement, après avoir parfois suggéré de fausses pistes, sous le prétexte « de nous stimuler ». Ce fut tout au long de ces longues années un grand jeu pervers et une jubilation certaine de sa part.

Jusqu'au bout, Fourniret décidera de se livrer à une surenchère abominable dans la narration des faits, les enlèvements, les meurtres et les agonies des petites victimes.

Le sort judiciaire du couple est définitivement scellé par l'examen des centaines de courriers échangés entre eux lors de la première incarcération de Fourniret.

En décembre 1986, alors qu'il est incarcéré à Fleury-Mérogis depuis près de trois ans pour un viol et plusieurs agressions sexuelles, il publie une annonce dans l'hebdomadaire chrétien *Le Pèlerin* : « Prisonnier aimerait correspondre avec une personne de tout âge pour oublier solitude. » À Vic-le-Fesq, à trente kilomètres de Nîmes, où elle est auxiliaire de vie depuis deux ans, Monique Olivier lui répond. Commence alors une correspondance abondante, pendant huit mois, jusqu'à la libération de Fourniret.

Monique Olivier connaît très rapidement les raisons de l'incarcération de Fourniret, mais, selon ses propres mots, la multiplicité des victimes n'était pas une barrière pour elle ! Elle poussera le cynisme jusqu'à déclarer que « perdre sa virginité, se faire violer, on n'en meurt pas. D'ailleurs en Afrique, c'est très courant ».

Au cours de ces mois, Fourniret lui envoie 133 lettres, toujours très longues. Monique Olivier, elle, lui écrit à 84 reprises. Plus de 750 pages seront ainsi soigneusement analysées pendant plus de cinq mois par la capitaine de la police judiciaire belge, Catherine Beauret. Le résultat est terrifiant.

Outre qu'elle semble apprécier le style particulièrement pompeux de Fourniret, Monique Olivier trouve surtout en lui l'instrument d'un défouloir et d'une vengeance. Elle lui décrit les détails de sa défloration rapide par un militaire, les humiliations et brimades de son premier époux, André Michaux, ou son mariage blanc avec un citoyen américain. Comme deux amoureux transis à peine sortis de l'adolescence, ils s'affublent de sobriquets. Fourniret l'appelle « ma mésange » ou « ma Nanouchka ». De son côté, Monique Olivier le surnomme « mon petit taulard préféré », « mon fauve » ou « Sher Khan », le tigre du *Livre de la jungle*.

Derrière ces échanges, le pacte criminel s'élabore. Il prévoit précisément le cheminement de Fourniret et l'implication très active de Monique Olivier.

À la demande de sa future compagne et complice, Fourniret s'engage par écrit à tuer André Michaux, le premier mari de Monique Olivier, et élabore un scénario où cette mort sera particulièrement douloureuse. En échange, Monique Olivier lui offrira des jeunes filles vierges. Le programme précis, auquel Monique Olivier souscrit sans hésitation, est établi par Fourniret dans un courrier daté du 5 septembre 1987 :

« Propos d'un samedi matin. Je ne veux pas tourner en rond. Je dois établir un programme. D'abord, qu'est-ce que je veux ?

— régler les comptes avec la famille.

— passer mon temps à rêver.

— aller où j'ai envie, rester sur place ou voyager selon l'humeur du jour.

— avoir assez d'argent pour oublier l'argent.

— liquider trois types. Leur dernière partouze d'ordures.

— disposer d'une jeune fente.

— une compagnie féminine.

— vivre en sauvage à l'écart des hommes.

— vivre en aventurier. Plaisir du risque. Enlèvements, etc.

— pas de fil à la patte, pas de mômes, pas d'habitudes.

— restaurer un domaine, une ruine médiévale.

— l'acheter d'abord. Non, en devenir propriétaire, ce n'est pas la même chose... »

Fourniret projette également de commettre des enlèvements contre rançon, et interroge Monique Olivier « sur la solvabilité de certaines personnes propriétaires dans le sud de la France ».

Il lui promet de n'entreprendre aucune action sans lui en parler : « Si l'intention d'une défloration revient un jour ou l'autre m'effleurer, je t'en parlerai librement. »

Celle-ci accepte aussitôt et le remercie pour sa sincérité : « J'avais moi-même envie de tuer Michaux, dira-t-elle plus tard aux enquêteurs, pour ce qu'il m'avait fait subir et pour récupérer mes deux fils dont il avait la garde. Je savais ce qu'il [Fourniret] allait faire et que j'allais devoir lui offrir une jeune fille vierge. J'ai donc accepté de laisser Michel prendre son plaisir là où il le trouvait, quitte à sacrifier des gamines. »

Dans des courriers suivants, elle continue à le conforter dans ses projets criminels : « C'est avec plaisir que j'exécuterai tes ordres [...] Je veux travailler avec mon fauve [...] Je seconderai mon fauve car je veux qu'il chasse bien [...] Je veux me savoir utile. [...] La chaîne que tu me proposes, c'est la seule que j'accepte. Ce n'est pas tous les jours qu'on est enchaînée à un fauve. » Elle assure ainsi sur Fourniret une emprise qui fonctionne à merveille, et celui-ci lui écrit : « Je suis indubitablement en train de tomber amoureux de vous, Monique, je vous aime à en mourir. » Monique, la seule capable de le révéler à lui-même, ainsi qu'il le confesse dans un autre courrier. Souvent les termes employés illustrent la perversité du couple, par exemple quand ils parlent « des beaux petits sujets, des jeunes fentes ou des MSP (membranes sur pattes) ». Ils vont même jusqu'à éprouver de la fierté à se qualifier de « monstres ou de fêlés ». « Moi aussi, j'ai la tête un peu fêlée, lui écrit Monique Olivier, ce qui prouve qu'entre fêlés on se comprend. »

« Sher Khan » ne tardera pas à tenir sa promesse. Le 22 octobre 1987, André Michaux dépose plainte contre Fourniret – libéré trois jours plus tôt – pour tentative de meurtre. Ce qui ne sera pas établi. Par contre, quelques jours plus tard, le couple se livre à une expédition punitive dans la maison du mari de Monique Olivier, à La Chapelle-sur-Erdre, en Loire-Atlantique, et incendie ses tableaux. Ils seront condamnés pour ces faits, en novembre 1990. Un mois après, par vengeance, le couple détruit également des meubles et des documents au domicile de l'ex-épouse de Fourniret.

Un pacte criminel ? Ce ne sont que des mots, un fantasme, tentera de justifier Monique Olivier lors de son procès. La preuve, « Michaux est toujours vivant » !

Le cynisme de cette femme atteint des sommets. Moins de deux mois après la libération de Fourniret, le couple enlève la petite Isabelle Laville, avant de la violer, de la tuer et de jeter son corps dans un puits où il restera enfoui pendant dix-neuf ans...

4

Passage à l'acte

Isabelle n'est pas rentrée du collège. Elle a l'habitude de faire le trajet à pied, matin et soir, entre son domicile et l'établissement scolaire. Une fugue est très improbable. Son père, Jean-Pierre Laville, décrit cette jeune fille de 17 ans comme prudente et réservée. Ce 11 décembre 1987, il vient de signaler sa disparition à la gendarmerie d'Auxerre.

Les jours passent. Isabelle n'a donné aucun signe de vie. Cette disparition entraîne un grand émoi dans la région. La population se mobilise, avec le concours de personnalités, comme l'entraîneur de l'AJ Auxerre, Guy Roux, et des joueurs Basile Boli ou Éric Cantona.

L'enquête est classée sans suite au bout d'un mois et demi. Pourtant, les enquêteurs de la gendarmerie ont effectué un important travail. Mais ils n'ont plus aucune piste à explorer. Pour calmer l'opinion publique, les magistrats rappellent qu'une telle décision n'est jamais définitive. D'ailleurs, cette procédure sera relancée en juin 1988, puis en 2001 et à nouveau en 2004, date à laquelle une information judiciaire sera enfin ouverte. Tout ceci en vain.

L'inscription au fichier des personnes recherchées a été renouvelée régulièrement pour éviter une prescription de l'action publique, mais classer sans suite la disparition inexpliquée d'une jeune fille de 17 ans après seulement un mois et demi d'enquête ne peut jamais s'expliquer et encore moins se justifier. Quelle image la justice donne-t-elle d'elle-même ? Peut-on répondre à la détresse des parents par l'indifférence ou l'insouciance ? La douleur du père d'Isabelle entraînera tout au long de cette procédure, et jusqu'au procès d'assises, une telle colère qu'il ne cessera de penser et de dire que l'on n'en a pas fait plus pour sa fille que pour un chien disparu. C'est bien sûr excessif, mais il faut reconnaître que ce classement brutal et expéditif reste une décision bâclée et à tout le moins inconséquente.

Il faudra dix-sept longues années avant de connaître, enfin, la vérité. Dix-sept ans avant que Monique Olivier passe aux aveux et dénonce son mari comme l'auteur de l'enlèvement et du meurtre d'Isabelle. Comme à son habitude, elle prend soin de clamer son innocence, avant de donner une autre version des faits, plus conforme à la réalité.

Ainsi, elle précise que, peu de temps après la libération de Fourniret, ils se sont installés à Saint-Cyr-les-Colons, petite commune de l'Yonne, située à dix-sept kilomètres d'Auxerre où ils se sont inscrits au centre de formation pour adultes. Et ils ne perdent pas de temps à concrétiser leurs engagements meurtriers, écrits noir sur blanc dans leurs échanges épistolaires des mois précédents.

Tous deux repèrent, je cite, le « premier beau petit sujet » que « Nanouchka » va offrir « à son fauve qui percera ainsi une membrane ». Ces repérages sont précis, l'itinéraire emprunté par la jeune fille est minutieusement étudié. Dans les jours qui suivent, le couple imagine le scénario, ce qui les amuse beaucoup.

Le 11 décembre 1987, Fourniret se transforme en autostoppeur avec un bidon d'essence vide à la main. De son côté, Monique Olivier est au volant de son véhicule. Prétextant chercher son chemin, elle profite de la serviabilité d'Isabelle pour la faire monter à ses côtés. Quelques centaines de mètres plus loin, Monique Olivier s'arrête pour prendre à son bord l'autostoppeur Fourniret, qu'elle feint évidemment de ne pas connaître.

Quelques secondes se sont à peine écoulées quand Fourniret, à l'aide d'une cordelette préalablement fixée à l'appui-tête, serre le cou d'Isabelle et lui demande si elle est toujours vierge. Il prend ensuite le volant pour permettre à Monique Olivier d'administrer à la jeune fille des calmants, du Rohypnol, « la drogue du viol, celle avec laquelle on n'est plus rien », expliquera un expert lors du procès d'assises. Ils la font compter jusqu'à cent pour s'assurer de son état de somnolence. La nuit tombée, ils l'emmènent, semi-comateuse, à leur domicile. En présence de Monique Olivier, Fourniret embrasse sa victime sur la bouche, lui caresse la poitrine et la pénètre d'un doigt. S'interrogeant sur la virginité d'Isabelle, il questionne Monique Olivier qui vérifie à son tour et le rassure. Faute d'érection, Fourniret ne parvient pas à ses fins. Monique Olivier prend alors l'initiative de lui pratiquer avec succès une fellation. Après plusieurs heures, Fourniret décide d'étrangler Isabelle. Au procès d'assises, la question de la durée de cet étranglement lui sera posée. Réponse de Fourniret : « L'alimentation de mon cerveau par les sources de ma mémoire ne se fait que progressivement. Ce n'est pas du ruissellement, c'est du goutte-à-goutte… C'est un événement d'une durée interminable. Quand vous concevez un projet comme cela, vous êtes surpris par sa phase de matérialisation. Vous êtes tout ébaudi, déboussolé qu'il se réalise… C'est un maelström de sentiments. »

Tous deux partent ensuite se débarrasser du corps dissimulé dans un tapis. Monique Olivier conduit le véhicule, dépose Fourniret et leur victime à proximité d'un puits repéré auparavant. Elle repart puis récupère Fourniret qui, entre-temps, a jeté Isabelle au fond du puits.

Devant les enquêteurs, Monique Olivier évoque « la parfaite exécution du scénario [...]. L'issue ne pouvait être que fatale pour elle. Je savais qu'il ne la laisserait pas partir vivante ». Monique Olivier explique que Fourniret n'avait pas d'autre choix. Il devait la tuer. L'empêcher de le dénoncer. « Son arrestation précédente, rappelle la compagne de Fourniret, il la devait à une jeune femme à qui il avait laissé la vie sauve. Et il ne voulait pas retourner en prison. »

Lors du procès, Monique Olivier, pressée de questions, finira par reconnaître avoir rejoué le rôle des victimes lors de ses relations sexuelles avec Fourniret ! Elle le suppliait d'accepter une fellation, lui précisait qu'elle était vierge et le remerciait de son assentiment. Nouvelle abomination !

Lorsqu'elle a assisté au viol d'Isabelle et a aidé activement à le perpétrer, Monique Olivier était-elle, ce jour-là, excitée à l'idée du jeu sexuel auquel ils allaient se prêter par la suite ? Je n'ai pas eu de réponse précise de la part de ce couple au comble de la perversité. Mais leur enfant, Selim, est né le 9 septembre 1988, soit presque neuf mois après... C'est tout simplement insupportable à imaginer.

Quelques mois après ses aveux, Fourniret donne lui aussi des indications pouvant permettre de retrouver le corps d'Isabelle. Ainsi, il précise que le puits dans lequel il a jeté le corps était attenant à un ancien transformateur électrique construit en briques rougeâtres. Il peut localiser le lieu à condition d'étudier les cartes d'état-major de la région.

Tout au long de ces quatre années d'enquête et d'instruction, j'ai connu au travers des longs et nombreux échanges avec Fourniret des périodes où il pouvait se montrer d'une sincérité relative. Il fallait créer les conditions de cet état d'esprit, et notamment se laisser volontairement manipuler par lui, lui laisser croire qu'il restait le maître du jeu et du temps. C'est à lui que devait appartenir la décision de révéler certains éléments dont nous avions besoin. Pendant plusieurs années, j'ai souvent réussi à endosser le rôle de ce personnage un peu crédule, très attentif à sa parole et alimentant sa mégalomanie extrême. Comme je l'avais déjà constaté deux ans auparavant - lorsque je l'ai rencontré pour la première fois lors des recherches du corps de Jeanne-Marie Desramault et d'Élisabeth Brichet, dans le parc du château du Sautou –, avoir ainsi parmi son auditoire un procureur de la République le flattait.

J'ai toujours pris la sincérité de Fourniret avec beaucoup de précautions, notamment quand il décrit précisément ce transformateur électrique et réalise même un croquis. Devant l'échec des recherches entreprises pour le localiser, il propose son aide sur le terrain. Avec les deux juges d'instruction en charge de ce meurtre, Anne Devigne et Pascal Préaubert, nous nous rendons à plusieurs reprises sur place avec lui et Monique Olivier.

Les recherches débutent toujours de la même manière. Après lui avoir fourni les cartes d'état-major à l'échelle demandée, des gommes et des crayons de papier H2B mine grasse, car « le technicien du bureau des méthodes », ainsi qu'il se qualifiait pompeusement lui-même, a ses exigences, Fourniret étale les cartes sur le sol et, à quatre pattes, les étudie scrupuleusement, écarte certains lieux ou localités, en retient d'autres en les marquant sur la carte. Je le revois encore tellement flatté de constater que nous sommes tous très attentifs à l'entourer, le regarder, l'écouter, pendus à ses lèvres. Puis nous nous rendons sur les lieux. Des gendarmes spéléologues du peloton spécialisé d'Oloron-Sainte-Marie, dans les Pyrénées-Orientales, descendent dans ces puits parfois très anciens et dangereux. Nous répétons ces actions à plusieurs reprises. Nous « promenons » ainsi Fourniret et Monique Olivier dans tout le département de l'Yonne et une partie du département de l'Aube. Le groupe spéléologie de la gendarmerie explore plusieurs dizaines de puits. En pure perte.

Lors de la reconstitution du meurtre d'Isabelle, Fourniret a refusé de participer sous le prétexte dérisoire que les autorités judiciaires belges n'avaient pas satisfait ses demandes de remise en état de sa maison de Sart-Custinne après les fouilles entreprises. Le père d'Isabelle, Jean-Pierre, a trouvé la force de lui demander directement qu'il dise enfin où se trouve le corps de sa fille. En vain. J'ai également tenté de faire appel à son humanité. Il est resté muet, hormis un crachat après la confirmation par Monique Olivier des ignobles caresses pratiquées *post mortem* sur la fillette. Le découragement gagne les esprits. Je résiste et convaincs à nouveau les juges d'instruction de poursuivre les recherches.

La lassitude gagne jusqu'au jour où, alors que Fourniret est à nouveau à quatre pattes sur une carte, une pensée m'effleure. Je me souviens en effet des paroles de Fourniret selon lesquelles il m'aiderait si je faisais l'effort d'être presque aussi intelligent que lui. Mais il s'agissait d'une aide partielle, car je devrais déjouer des pièges et relever des erreurs volontaires de sa part. Je relève alors la tête et je croise le regard de l'adjudant Morinière de la brigade de recherches de la gendarmerie d'Auxerre, un regard complice car il a eu la même idée au même moment. Et si nous nous focalisions cette fois sur les lieux volontairement écartés par Fourniret ? Par sécurité, je passe un appel à témoins dans les journaux locaux et demande à tous les promeneurs, chasseurs, cueilleurs de champignons, maires et élus de réfléchir à la présence actuelle ou ancienne d'un tel transformateur. Quelques jours plus tard, les juges d'instruction, les enquêteurs de la police judiciaire de Reims et moi-même reprenons la route pour nous rendre à Bussy-en-Othe, petite localité située à quarante-cinq kilomètres du domicile du couple. En lisant mon appel à témoins, un ancien maire de Bussy-en-Othe s'est souvenu qu'il avait fait recouvrir, bien des années auparavant, le puits d'un ancien transformateur, dangereux pour les enfants qui jouaient à proximité. Ce puits se trouve sur l'un des lieux volontairement écartés par Fourniret.

Pour les recherches à venir, je me souviendrai de ce piège tendu pour tester « notre intelligence ».

Plusieurs jours de fouilles par un puisatier privé et les gendarmes spéléologues sont nécessaires, en raison des tonnes de gravats et de remblais qui encombrent cette fosse d'une trentaine de mètres de profondeur.

Le 11 juillet 2006, je suis à proximité immédiate du puits en compagnie de Jean-Pierre Laville. Son épouse n'a pas eu la force de venir. Les visages sont graves. L'avocat des Laville, maître Behr, a tenu également à venir de Nancy pour leur apporter tout son soutien, comme il ne cessera de le faire avec beaucoup d'humanité tout au long de l'instruction et lors du procès d'assises. Ce jour-là, j'ai le sentiment d'être au bout du chemin, après des années de vaines recherches.

Un gendarme spéléologue ressort du puits, il tient à la main une bottine d'enfant. Le visage digne de Jean-Pierre Laville blêmit. Il se tourne vers moi, me regarde longuement, me remercie pour ma ténacité et soudainement m'étreint. Je suis bouleversé, figé. Nous restons ainsi de longues minutes.

Au cours de ma carrière, j'ai côtoyé la détresse des proches des victimes. J'ai assisté parfois à des horreurs sur des scènes de crime ou lors d'autopsies d'enfants ou de nourrissons victimes d'actes terribles. Je me suis toujours senti proche de toutes ces victimes dont la vie était brisée pour toujours. Ces victimes qui connaissent la peine à perpétuité réelle. Ce que j'ai ressenti ce jour-là a été encore plus fort. J'ai senti physiquement la douleur extrême de ce père anéanti. Je crois même avoir vu réellement dans son regard s'éteindre cette flamme minuscule, totalement irrationnelle, qui les maintenait debout, lui et son épouse. Cette flamme qui symbolisait l'espoir fou que, peut-être, par un miracle inouï, leur enfant était toujours vivante. Je n'oublierai jamais cette émotion si puissante.

Rapidement, d'autres effets vestimentaires et certains objets sont découverts. Tous appartiennent à Isabelle. Puis des ossements. Un sachet plastique de supermarché recouvre le crâne de la victime. Une matière textile enveloppe la face et un ruban adhésif la bâillonne du menton jusqu'au nez.

Ni Fourniret ni Monique Olivier ne donneront d'explications sur ces éléments découverts dans le puits, mais les mêmes constatations ont été faites sur d'autres victimes. Et ma conviction sera forgée un peu plus tard, à la lumière des déclarations que m'a livrées directement Fourniret lors d'un de nos nombreux échanges informels à propos du meurtre de la petite Élisabeth Brichet. Les propos de Fourniret sont effroyables et insupportables à écouter. J'ai hélas conscience qu'ils le seront tout autant à leur lecture.

Jean-Pierre Laville m'indique qu'après ces dix-neuf années de tourments, il va pouvoir enfin donner à sa fille une sépulture digne, penser à elle autrement et en finir avec cette espérance folle qui le rongeait. La découverte du corps d'Isabelle reste gravée dans ma mémoire.

Dans les heures qui suivent, je réalise que les recherches et la découverte du corps d'Isabelle sont dues à mon obstination, à mon entêtement. Deux ans et demi de recherches vaines, c'est long, très long, trop long pour certains. Le procureur général de Reims, Yves Charpenel, mon supérieur hiérarchique, m'avait précisé, après environ un an de recherches, que la découverte du corps n'était pas un impératif juridique et que les aveux circonstanciés et précis du couple Fourniret-Olivier suffisaient à les renvoyer devant une cour d'assises. Un peu surpris par cette remarque qui, à mon sens, pouvait révéler une certaine sécheresse humaine, je lui avais rétorqué que cela ne m'avait pas échappé. Néanmoins, je mettrai toute ma détermination à convaincre les deux juges d'instruction, directeurs d'enquête de cette procédure, de persévérer le plus longtemps possible pour découvrir le corps. C'était là, pour moi, un impératif d'humanité. Je n'ai eu aucune difficulté à convaincre Anne Devigne et

Pascal Préaubert, les deux juges d'instruction, de partager ma volonté, même si, les mois passant, il y eut des moments de découragement. Mais retrouver le corps d'Isabelle était devenu une obsession, et j'ai toujours trouvé l'énergie suffisante pour convaincre.

Le procureur général a compris ma détermination et je crois qu'un arrangement implicite s'est alors établi. Concernant le parquet, le travail sur le terrain m'incomberait, et j'en assumerais la responsabilité. Pour sa part, il se chargerait de la communication aux médias, dont la pression se faisait de plus en plus forte. Je savais que, contrairement à moi, le procureur général était particulièrement sensible aux caméras. Je n'imaginais pas encore à quel point…

5

Le pactole

Cinq semaines après le meurtre d'Isabelle, un autre engagement du pacte criminel qui lie Fourniret et Monique Olivier se réalise. Il les engage cette fois vers un mobile crapuleux. « Avoir assez d'argent pour oublier l'argent… Restaurer un domaine, une ruine médiévale. L'acheter d'abord. Non, en devenir propriétaire, ce n'est pas la même chose… », avait écrit Fourniret à Monique Olivier de sa cellule.

Tout comme les meurtres pervers de jeunes filles, cet engagement a été respecté à la lettre.

Le 20 janvier 1988, un représentant de commerce, Sidney Cissou, s'arrête sur l'aire de repos de Nemours de l'autoroute A6. Lorsqu'il ressort des toilettes, il est menacé par un homme qui pointe un fusil sur lui et lui demande sur un ton très déterminé de lui remettre ses clés de voiture, sa carte bancaire, son portefeuille et sa veste. Persuadé que l'individu « allait lui tirer dessus et qu'il allait mourir », monsieur Cissou retire sa veste, la jette au visage de son agresseur et tente de s'enfuir. Il entend alors une détonation et ressent une violente douleur à la cuisse droite. Il précisera lors de son audition, en 2005 : « Le sang s'est mis à gicler très fort et j'ai crié au secours. » Il réussit néanmoins à se réfugier sur la bande d'arrêt d'urgence de l'autoroute. Saignant abondamment, il confectionne un garrot avec sa cravate. Se sentant de plus en plus faible, il s'allonge au bord de la voie. Il est secouru quelques instants plus tard par des routiers, puis par le Samu. Transporté à l'hôpital de Nemours puis à celui de Sens, il est opéré plusieurs fois et hospitalisé pendant trois semaines.

Il n'apprend l'identité de son agresseur, Fourniret, que dix-sept ans plus tard. Il pense que le croyant mort, ce dernier ne l'a pas suivi pour l'achever.

C'est en effet ce que déclare Fourniret lors de ses aveux, en 2004, persuadé de l'avoir atteint à l'abdomen et de l'avoir tué.

Ce soir-là, Monique Olivier est également présente. Fourniret veut lui montrer comment « gagner de l'argent ». Il emprunte un chemin discret qui longe l'autoroute, et repère l'automobiliste sur une aire de repos. Il sort de son véhicule avec un fusil à canons sciés, lui tire dessus à bout portant et lui dérobe sa veste, dont les poches étaient vides, avant de prendre la fuite. Le même fusil qui sera utilisé quelques mois plus tard pour le meurtre de Fabienne Leroy.

En raison de l'identification tardive de l'auteur de cette tentative de meurtre, cette affaire était prescrite et monsieur Cissou n'a pu être cité qu'en qualité de témoin et non de victime lors du procès de 2008. Il en a ressenti un fort sentiment d'injustice. C'est pour cette raison qu'en 2005 je me suis rapproché de mon collègue, le procureur de la République de Sens, afin de l'informer de cette situation et permettre, peut-être, que tout soit mis en œuvre au titre d'une réparation civile.

Cette tentative de meurtre pour un gain aussi dérisoire est très loin de l'engagement de Fourniret à « sa Nanouchka, », lorsqu'il lui promettait une aisance financière.

Fourniret et Olivier ne se découragent pas pour autant. Quelques semaines plus tard, ils commettent ensemble un meurtre crapuleux qui va cette fois radicalement améliorer leur niveau de vie, jusqu'à pouvoir acquérir un château, ses dépendances et son domaine de seize hectares, après avoir bénéficié d'un incroyable concours de circonstances…

Lors de son incarcération de 1984 à 1987, Fourniret a pendant un temps partagé la cellule de Jean-Pierre Hellegouarch. Âgé de 43 ans, Hellegouarch est un braqueur et militant d'extrême gauche. En 1965, dans l'Espagne franquiste, il est condamné à mort pour un vol à main armée. Cette peine est ensuite commuée en 40 années de réclusion. En 1979, il réussit à s'évader du pénitencier ultrasécurisé de Burgos en compagnie de militants basques. Il rejoint la région parisienne et rencontre Farida Hammiche. Le couple s'installe à Vitry-sur-Seine, dans le Val-de-Marne. Suspecté de ventes d'armes à des autonomistes basques, peut-être également à des membres d'Action directe, il continue les braquages et les escroqueries, ce qui lui vaut une longue détention à Fleury-Mérogis. Dès le début, Hellegouarch a dit de Fourniret qu'il le considérait comme « quelconque et trouillard ». Fourniret lui a précisé qu'il était détenu pour un attentat à la pudeur, se gardant bien de mentionner ses douze autres agressions sexuelles. Menacé par d'autres détenus, Fourniret sollicite sa protection. Si l'on en croit Hellegouarch, les menaces ont rapidement cessé et, à partir de là, Fourniret a montré à son égard une reconnaissance servile.

Après sa libération en octobre 1987, Fourniret maintient le contact avec Hellegouarch et, en compagnie de Monique Olivier, rencontre sa compagne, Farida Hammiche, à l'occasion d'un parloir.

En mars 1988, Hellegouarch apprend par un codétenu italien, Giani Esposito, braqueur et militant d'extrême droite, qu'une partie du magot du gang des postiches, une équipe qui a pillé de nombreuses banques dans la région parisienne, serait enterré dans un cimetière du Val-d'Oise. « Pour moi, Fourniret était un imbécile heureux qui s'accrochait à moi comme à une bouée. Traînant dans mes pattes, j'ai pensé qu'il pourrait récupérer le magot, car il me semblait inoffensif et, de plus, il avait des mains de jardinier », a déclaré Hellegouarch. Farida expose alors à Fourniret la demande de son compagnon de récupérer ce butin, en échange de la somme de 500 000 francs. Fourniret accepte bien volontiers.

Une nuit, Fourniret, Monique Olivier, alors enceinte, et Farida Hammiche pénètrent dans le cimetière de Fontenay-en-Parisis, dans le Val-d'Oise. Ils se rendent sur la tombe désaffectée d'une personne décédée en 1922. Ils déterrent une caisse métallique qui contient 34 lingots et des milliers de pièces d'or, pour un montant estimé à environ un million d'euros. Ils regagnent l'appartement du couple Hellegouarch à Vitry-sur-Seine, où Fourniret aménage une cache au-dessus de la porte des toilettes. Il y dissimule le butin dans des tubes de PVC. Il perçoit ensuite sa commission de 500 000 francs, s'en trouve très satisfait car, selon ses déclarations, « il était sans travail et en état d'impécuniosité relative », et repart dans l'Yonne avec Monique Olivier. Quelques jours plus tard, Hellegouarch apprend par Farida que cette opération s'est déroulée avec succès et connaît l'endroit où le butin a été dissimulé.

Un mois plus tard, Fourniret demande à son tour l'aide de Farida sous le prétexte de chercher des armes dissimulées en forêt de Rambouillet. Farida accepte. En compagnie de Monique Olivier, ils partent tous les trois en pleine nuit. Arrivés à Clairefontaine, dans les Yvelines, avec la voiture de Farida, ils s'arrêtent dans une carrière de sable, à proximité d'un ancien domicile de Fourniret. Ce dernier tente d'étrangler Farida et, face à sa résistance, se saisit d'une baïonnette ancienne et lui transperce le torse avant de la tuer. Ils placent ensuite son corps dans le coffre de son véhicule et reprennent la route pour l'enterrer, « pas trop profondément », selon Fourniret. « Quand j'étais sur Farida pour l'étrangler, précisera Fourniret lors du procès d'assises, elle m'a regardé dans les yeux et m'a supplié de ne pas la tuer comme ça… Monique est revenue avec la baïonnette. C'est à elle de vous dire ce qu'elle a fait avec… Farida a poussé des gémissements insoutenables… Moi, je n'ai fait que l'étrangler… »

Monique Olivier et lui regagnent le domicile de Farida où ils passent la nuit. Ils repartent le lendemain matin, après s'être emparés d'une grande partie du butin. Ils ont l'idée de ne pas dérober la totalité des lingots et pièces d'or, et laissent l'équivalent de 200 000 francs dans la cachette aménagée.

Pour brouiller encore plus les pistes, Monique Olivier téléphone ensuite à deux reprises à la maison d'arrêt pour obtenir de faux parloirs avec Hellegouarch, en usurpant l'identité de Farida.

Tous deux font mine de s'inquiéter de la disparition de Farida. Faussement éplorés et compatissants, ils s'en ouvrent à sa famille et à Hellegouarch. Avec les sœurs de Farida, ils vont jusqu'à la rechercher dans plusieurs hôpitaux de la région parisienne.

Comble de duplicité, en septembre 1988, à la naissance de leur fils Selim, le couple Fourniret choisira Jean-Pierre Hellegouarch… comme parrain de baptême.

À sa sortie de la maison d'arrêt de Melun, fin 1988, Hellegouarch est attendu par Fourniret et Monique Olivier, qui l'emmènent dans son appartement où il découvre ce qui reste du butin. « Fourniret et Monique Olivier ont tout fait pour faire croire que c'était Farida qui était partie avec une grande partie de l'argent, précisera plus tard Hellegouarch, car un voleur aurait tout pris. Complètement mielleux, ils participent à mon malheur, insinuant que Farida a pu partir avec quelqu'un d'autre, la tentation étant trop forte. » D'ailleurs, pour renforcer encore cette idée, le couple avait abandonné le véhicule de Farida sur le parking de l'aéroport d'Orly.

Au bout d'un certain temps, Hellegouarch a néanmoins un doute et arrive à l'improviste chez les Fourniret qui résident encore à Floing, dans les Ardennes. Il se rend vite compte que le couple habite dans une masure, et n'a que peu de moyens. « C'était les Thénardier avec leur gosse, des pauvres, des vrais pauvres », dira-t-il. À la demande de Fourniret, il lui coupe les cheveux par souci d'économie. Hellegouarch passe ensuite la nuit dans une petite caravane. Fourniret lui fait croire qu'il doit se rendre au travail et Hellegouarch l'emmène à 6 heures le matin, puis regagne son domicile à Vitry-sur-Seine, convaincu de l'état de quasi-indigence du couple.

Placé une nouvelle fois en garde à vue par la brigade criminelle de Paris, en 1990, il apprend par hasard que Fourniret et Monique Olivier ont acheté en janvier 1989 le château du Sautou, proche de la Belgique, pour la somme de 1,2 million de francs, réglée en espèces auprès d'un notaire malhonnête. C'est une belle bâtisse de 1880 à tourelles, construite en pierre de taille et au toit couvert d'ardoises, avec des dépendances et un très grand parc.

Il comprend alors qu'ils l'ont berné et qu'ils sont responsables du meurtre de Farida. Il se rend au château du Sautou dès qu'il le peut. Sur le chemin qui mène à la bâtisse, il croise Fourniret qui sort. Ils se reconnaissent et Hellegouarch lui tire dessus. Fourniret s'enfuit, laissant Monique Olivier et l'enfant seuls. À l'intérieur, Hellegouarch constate que Fourniret a placé une arme presque à chaque fenêtre. Il menace Monique Olivier qui, dira-t-il, « se met à pleurnicher et à se lamenter ». Il lui fait promettre de lui téléphoner pour lui indiquer où se trouve Fourniret qu'il qualifie « de lâche, pleutre, rusé, autocentré et sans aucun scrupule ». Monique Olivier se gardera bien d'accéder à sa demande.

Suspecté par Hellegouarch de sévices sexuels sur Farida, Fourniret s'en est défendu en déclarant : « C'est dégueulasse de penser ça. Mon unique but était un transfert de propriété. L'amitié est une chose, les intérêts en sont une autre. »

Hellegouarch dépose plainte auprès du parquet de Créteil et fait part de ses certitudes quant aux auteurs du meurtre de Farida, plainte qui ne sera *a priori* jamais prise en considération.

Le couple Fourniret s'est vu seulement infliger une amende à la suite d'un redressement fiscal, amende qu'ils régleront aussitôt.

À la demande de Monique Olivier, ils vendent rapidement le château et déménagent en Belgique, à Sart-Custinne. Hellegouarch ne les retrouvera pas. « Je n'ai pas vu le danger, expliquera Jean-Pierre Hellegouarch lors de son audition par la cour d'assises. Ils ont poussé la duplicité jusqu'à venir me chercher à ma sortie de la prison de Melun. Fourniret a eu l'occasion de clore le chapitre et me tuer. Il ne l'a pas fait. C'est bien la preuve qu'il ne tue que des femmes et des gamines. Aujourd'hui, ça me gêne qu'il respire le même air que moi. »

La dernière partie du butin a été retrouvée par les enquêteurs belges après l'arrestation de Fourniret en 2003. Immédiatement après cette interpellation, Monique Olivier a pris la précaution d'enterrer 25 000 euros de pièces d'or dans une lessiveuse, avec l'aide de son fils Selim, âgé alors de 15 ans.

La cour d'assises des Yvelines a jugé ce crime en 2018. Fourniret a été condamné à la réclusion criminelle à perpétuité pour assassinat et Monique Olivier à 20 ans de réclusion criminelle pour complicité d'assassinat.

En dépit de multiples recherches, le corps de Farida n'a jamais été retrouvé.

Aujourd'hui, Fourniret est décédé, et seule Monique Olivier sait où il se trouve.

6

Un corps découvert à Mourmelon

Le 4 août 1988, le corps ensanglanté de Fabienne Leroy, 20 ans, étudiante en BTS biochimie au lycée de Reims, est découvert dans un chemin du camp militaire de Mourmelon-le-Grand, dans la Marne. Elle gît couchée sur le flanc droit, à même le sol, le chemisier déchiré et retroussé jusqu'à la poitrine, le soutien-gorge à demi arraché et maculé de sang, tout comme le jean. Les pieds sont nus et un lien noir plastifié enserre son poignet gauche. Deux sillons de cordelette sont visibles sur son poignet droit.

L'examen du corps puis l'autopsie mettent en évidence deux érosions cutanées, trois ecchymoses dans la région du sternum, des traces de liens serrés au niveau des poignets, deux traces de piqûre à la pliure des deux bras et un orifice d'entrée de plaie par arme à feu en dessous du mamelon gauche. L'autopsie montre un cœur éclaté et déchiqueté à sa pointe, ainsi que la partie gauche du foie et de la rate. Les médecins légistes retrouvent de nombreux plombs et concluent à une mort quasi instantanée par arme à feu.

L'expertise balistique conclut au tir d'une cartouche de calibre 12, avec des plombs qui, à bout portant, occasionnent une plaie identique à celle d'une balle de gros calibre. L'analyse gynécologique ne décèle aucune trace de violence sexuelle et la recherche de spermatozoïdes est négative.

Curieusement, l'analyse toxicologique révèle un taux de 0,35 gramme d'alcool pur par litre dans le sang de la victime. Or, les proches de Fabienne sont unanimes : elle ne buvait pas d'alcool.

Les deux traces de piqûre restent inexpliquées. Après la consultation de près de 3 000 médecins, infirmiers et laboratoires d'analyses médicales dans les départements de la Marne et de l'Aisne, aucun prélèvement sanguin de Fabienne Leroy n'a été retrouvé et donc aucune explication de ces traces de piqûre n'a pu être apportée.

Considérée par tous comme une jeune fille intelligente, sérieuse, prudente et réservée, Fabienne Leroy effectuait alors un stage dans le cadre de sa formation dans l'entreprise Henkel, à Châlons-en-Champagne. Elle logeait seule dans l'appartement de fonction de sa tante. Le jour du meurtre, elle a suivi sa formation mais, au cours de la soirée, personne n'est parvenu à la joindre et, le lendemain matin, elle ne s'est pas présentée à son travail, ce qui n'était jamais arrivé. Son corps a été retrouvé vers 13 h 40.

Un jeune homme, collègue de travail de Fabienne, est interpellé peu de temps après, à la suite d'une conjonction d'éléments matériels, notamment une trace de sang suspecte sur son pull, ainsi que ses déclarations maladroites pendant sa garde à vue. Mis en examen, il est écroué pendant trois mois avant de bénéficier d'un non-lieu.

Dans sa première audition de juin 2004, devant les enquêteurs belges, Monique Olivier dénonce Fourniret en minimisant très largement sa participation à l'enlèvement et au meurtre. Devant certaines incohérences, elle enchaîne les versions. Fourniret, pour sa part, finit par avouer cet assassinat en commettant des erreurs et des confusions avec d'autres faits.

Au terme de quatre années d'enquête et d'instruction, nous avons pu établir le déroulement des faits, avec néanmoins quelques zones d'ombre.

Alors que Monique Olivier, enceinte de huit mois, « se promène » en voiture avec Fourniret, elle repère Fabienne Leroy, qui correspond aux critères des jeunes filles qu'ils recherchent. À un expert psychiatre belge, Monique Olivier reconnaîtra : « C'est moi qui la vois, c'est lui qui l'aborde. » Et elle demande à Fourniret « s'il la veut ». Aux enquêteurs belges, elle confirmera qu'elle connaissait le sort de la jeune fille : « Je savais très bien ce qui allait se passer, c'est-à-dire qu'il allait abuser d'elle puis la tuer… »

Sous le prétexte du besoin urgent d'un médecin en raison de son état de grossesse, ils convainquent Fabienne de monter à bord de leur véhicule. Ils se garent dans un chemin de terre isolé au milieu d'un bois. À une question de Fourniret, Fabienne lui indique qu'elle n'est plus vierge. Fourniret la traite alors de « putain » et lui fait savoir qu'il va la violer. Monique Olivier, qui les a suivis, menace Fabienne avec une arme de poing pour permettre à son époux de lui lier les poignets. La demande de Fourniret est claire : « Si elle bouge, tu la descends. » Fourniret précisera au cours de plusieurs auditions et pendant le procès d'assises que cette scène l'a amusé en raison de la gaucherie de Monique Olivier tenant l'arme. Cet esprit malade indiquera également que « cela avait aussi diverti Fabienne qui était contente de se promener avec nous ».

En réalité, Fabienne supplie Monique Olivier, mais celle-ci, qui n'en a cure, déshabille la jeune fille et vérifie sa virginité. Puis elle assiste au viol et, selon ses déclarations lors d'une expertise psychiatrique, va jusqu'à tenir la victime pendant que Fourniret la viole. Je me suis souvent demandé si cela l'avait aidée à rejouer la scène lors de ses ébats sexuels macabres avec son « fauve ».

Ils regagnent ensuite la voiture et Fourniret teste alors une nouvelle méthode, le meurtre à la seringue, et injecte de l'air dans les veines des deux bras de sa victime pour tenter de provoquer une embolie. Puis ils reprennent la route et s'arrêtent à nouveau dans un chemin de terre marqué par les passages de véhicules militaires.

Le choix de ce lieu n'est peut-être pas un hasard. Il a pu être choisi pour éloigner les soupçons en raison de l'affaire des disparus de Mourmelon et de l'adjudant Chanal. Fourniret l'a toujours fermement exclu car sa mégalomanie pathologique ne supporte pas une quelconque comparaison avec d'autres tueurs en série. Ce mode opératoire est pourtant analogue à celui utilisé pour d'autres victimes et, sans en avoir la preuve, je pense que ce sont là des idées de son égérie, Monique Olivier.

Fourniret fait ensuite descendre Fabienne et lui dit qu'elle « est arrivée à destination ». Il lui bande les yeux, se saisit d'un fusil de calibre 12 à canons sciés, s'approche de sa victime et lui tire dans la poitrine à bout portant. Sous le choc, elle tombe à la renverse et pousse un râle suffisamment fort pour que Monique Olivier, restée dans la voiture, l'entende, selon les déclarations de Fourniret.

Sur les conseils de Monique Olivier, il se débarrasse ensuite du fusil en le jetant dans un cours d'eau.

Aucune explication n'a pu être apportée quant aux traces de terre sur les genoux de Fabienne. Supplication ultime de Fabienne ? Simulacre d'exécution ? Le couple assassin le nie.

Après le meurtre, ils regagnent leur domicile. Pas plus que pour le meurtre d'Isabelle Laville, Fourniret et Monique Olivier ne seront inquiétés ni suspectés. Ils vont ainsi pouvoir continuer leur parcours sanglant.

Lors du procès d'assises, monsieur et madame Leroy ont entendu tous ces détails terribles du viol et du meurtre de leur fille. D'une dignité remarquable, ces anciens enseignants à la retraite se sont tenus par la main pendant quasiment toutes ces huit semaines de procès, se sont soutenus mutuellement et ont épaulé les autres parents. Leur dignité, conjuguée à une détresse qu'ils ne parviendront jamais à masquer, m'a profondément ému.

7

« Une jeune fille au front de lumière »

Le 8 janvier 1989, dans le train de Lille-Charleville-Mézières, Fourniret rencontre une jeune fille, Jeanne-Marie Desramault, qu'il décrira « rayonnante de foi, une jeune fille au front de lumière ». Leur conversation porte sur Dieu. Jeanne-Marie, élève en 1re année de BTS, réside pendant la semaine au couvent des Bernardines de Charleville-Mézières. Très croyante, elle est séduite par l'idéal religieux dont se targue faussement Fourniret. À l'arrivée en gare de Charleville-Mézières, Jeanne-Marie rencontre Monique Olivier, qui feint également de posséder la foi. Jeanne-Marie les invite tous deux à visiter le couvent. Ils refusent en prétextant l'heure tardive et lui promettent de la revoir prochainement. Jeanne-Marie se confie à l'une des sœurs du couvent et lui raconte qu'elle est enthousiasmée par cette rencontre à laquelle elle accorde une grande importance.

Monique Olivier étant « intéressée », selon les déclarations de Fourniret, l'opération de mise en confiance est décidée. Sous l'usage d'une fausse identité choisie par Monique Olivier, Pierrette Jadot, celle-ci appelle le couvent et, « d'une voix mielleuse » selon sa correspondante, prend des nouvelles de Jeanne-Marie. Elle apprend que la jeune fille est souffrante. Un peu plus tard, le couple Fourniret organise « une rencontre fortuite » et croise Jeanne-Marie dans une rue de Charleville-Mézières. Ils l'invitent dans un restaurant de Bouillon, en Belgique. « Tous les trois, nous avons passé quelques heures bien agréables, avouera Monique Olivier aux enquêteurs. On voyait bien qu'elle était contente d'être avec nous à Bouillon. C'était une personne très sympathique. C'était pour la mettre en confiance. Je savais ce qui allait se passer ensuite. J'étais consciente qu'il allait l'enlever, la violer et la tuer. »

Des relations amicales se nouent. Jeanne-Marie les convie peu de temps après à une réunion religieuse au couvent. Ils refusent « pour ne pas s'afficher ouvertement avec elle ». À partir de la première rencontre, Fourniret et Monique Olivier mettront deux mois pour attirer Jeanne-Marie dans leur toile.

Le 18 mars 1989, Fourniret et Monique Olivier se rendent à la gare de Charleville-Mézières pour inviter Jeanne-Marie à passer le week-end chez eux, à Floing, dans les Ardennes, où ils résident. Monique Olivier a pris soin de confier leur fils Selim, âgé de 6 mois, à une nourrice.

Selon Monique Olivier, la jeune fille accepte de les suivre d'autant plus facilement que « c'était un arrangement convenu auparavant entre elle et mon époux ». Plus tard, elle ira jusqu'à indiquer à Fourniret, en parlant de Jeanne-Marie : « ça, c'est facile à embarquer », des mots insupportables et glaçants.

Arrivée à Floing, Jeanne-Marie s'assoit sur un canapé pour boire un café, dans lequel Monique Olivier a discrètement ajouté des cachets d'anxiolytiques, que Fourniret qualifie de « moyens lénifiants ». Quand il l'interroge et apprend qu'elle n'est plus vierge, il lui déclare qu'elle n'est « pas sérieuse et qu'elle peut donc lui accorder ses faveurs ». Il l'entraîne de force dans la chambre, la traite de « putain, salope » et tente de la violer. Jeanne-Marie se débat de toute l'énergie dont elle est capable ;

elle casse un carreau de la chambre et parvient presque à s'enfuir, mais elle est rattrapée par Fourniret qui déclarera aux enquêteurs que, alors, « le conflit physique a prévalu sur l'envie sexuelle ». Fourniret tente de l'étrangler. Mais il n'y parvient pas et demande à Monique Olivier de venir l'aider en apposant deux bandes de type Elastoplast sur le nez et la bouche, occlusifs au niveau des voies narinaires et buccales, selon le médecin légiste qui procédera à l'examen du corps après sa découverte. Monique Olivier tentera de convaincre les enquêteurs, les juges d'instruction, les jurés et moi-même de son absence de souvenir sur ce point. Mais l'amnésie sur une scène aussi épouvantable n'est-elle pas déjà un aveu ? Elle admettra néanmoins : « Je ne vois pas comment Fourniret aurait pu appliquer lui-même ces bandes adhésives, occupé entièrement par le blocage au sol de la victime. » Les hurlements de Jeanne-Marie cessent rapidement car elle suffoque. Fourniret, selon ses propres mots, reconnaît que le calvaire fut long, « interminable, car j'ai dû maintenir mon étreinte très longtemps ». Monique Olivier indiquera que, après le décès de la jeune femme, « il en avait profité pour passer les mains sous ses vêtements et caresser sa poitrine, car il aime les poitrines fermes. » À propos de cette scène, par la suite, elle ajoutera : « Ça, c'est vrai que c'était pénible… » Propos terribles par l'inhumanité qu'ils révèlent.

Ils déposent ensuite le corps de la jeune fille dans le congélateur. Le lendemain, ils le chargent dans le véhicule conduit par Monique Olivier pour l'enterrer dans le parc du château du Sautou.

Immédiatement après avoir eu connaissance des aveux de Monique Olivier, je prends l'initiative de me rendre à Béthune, au domicile de monsieur Desramault, le père de la victime. J'avais lu un article de journal où, dans des termes très émouvants, il faisait part de sa détresse et de son espoir un peu fou de revoir un jour sa fille unique. Comme il était d'un âge avancé, je ne voulais pas qu'il apprenne son décès par voie de presse. Avec un enquêteur de la police judiciaire de Reims, je me rends à Béthune. Je n'en informe personne car c'est en dehors de toute règle procédurale, un trajet officieux donc, « à titre privé ».

Monsieur Desramault nous ouvre la porte de sa modeste maison de brique rouge située dans un coron du Pas-de-Calais. Dans la pièce principale, chaque pan de mur est constellé de photographies de Jeanne-Marie. Un grand crucifix trône au-dessus d'un buffet de campagne. Je me présente et, avant même que je lui fasse part de l'objet de ma visite, il a compris. Son corps fatigué se voûte un peu plus. Son visage est en larmes et il me serre fort la main qu'il ne me lâche qu'au bout de longues minutes. Effondré, il se dit malgré tout soulagé de pouvoir enfin enterrer religieusement sa fille dans le caveau familial, où repose déjà son épouse qui n'a pas supporté la disparition de Jeanne-Marie. Il me remercie d'être venu lui dire directement et insiste pour nous offrir un verre afin de rendre hommage à sa fille. Il nous parle longuement d'elle et, alors que nous repartons, il me prend dans ses bras en me disant : « Je vais enfin pouvoir partir en paix. Je suis malade et je ne voulais pas mourir sans l'avoir enterrée. »

Sur le retour, il nous faut un certain temps pour reprendre une conversation normale. Je ne pourrai jamais oublier ces quelques instants passés dans cette maison de brique rouge tassée au pied d'un terril.

Le 3 juillet 2004, quelques jours donc après les aveux du couple Fourniret-Olivier, j'organise leur déplacement au château du Sautou, à Donchery, dans les Ardennes. Fourniret a en effet précisé aux enquêteurs qu'il était doté d'une mémoire « exceptionnelle » et que, quinze ans après le meurtre de Jeanne-Marie, il se faisait fort d'indiquer le lieu de l'ensevelissement, tout comme celui de la petite Élisabeth Brichet, enlevée le 20 décembre 1989 à Namur en Belgique, puis tuée et enterrée elle aussi dans le parc du château du Sautou.

Concernant la procédure relative au meurtre de Jeanne-Marie Desramault, j'avais volontairement fait le choix de ne pas ouvrir dans l'immédiat une information judiciaire et de rester en enquête préliminaire dont je serais le directeur. Cela m'a valu de vives critiques de la part de l'avocat du père de la victime, maître Seban. Je lui ai expliqué les raisons de ce choix, qui me permettait notamment de m'entretenir avec Fourniret et Monique Olivier aussi souvent que nécessaire, tant qu'ils resteraient détenus en Belgique. En France, la procédure pénale ne me l'aurait pas permis. J'userai à maintes reprises de cette possibilité procédurale belge afin de tenter d'identifier toutes les victimes du couple et de retrouver leurs corps. Parfois avec succès, parfois en vain. Mes arguments n'ont pas convaincu maître Seban. Néanmoins, je n'ouvrirai cette information judiciaire que le 1er octobre 2004.

En qualité de directeur d'enquête, donc, je sollicite la venue à Donchery du couple Fourniret-Olivier pour une journée, selon la procédure du prêt de détenus. Les autorités judiciaires belges acceptent et m'indiquent qu'ils souhaitent être également présents pour tenter de retrouver le corps d'Élisabeth Brichet.

Avec le SRPJ de Reims et la compagnie départementale de la gendarmerie, tout est prévu pour procéder aux fouilles sur une journée et s'assurer de la mise en sécurité du site de seize hectares qui entoure le château du Sautou. J'organise également une réunion de préparation, qui se tient la veille au tribunal de grande instance de Charleville-Mézières, pour anticiper tout problème éventuel et définir le déroulement précis de la journée.

À cette réunion sont présents le procureur général de Reims, le procureur du roi de Namur, le juge d'instruction belge en charge de la procédure d'Élisabeth Brichet, les enquêteurs français et belges de la police judiciaire et le commandant de gendarmerie. À leur arrivée au tribunal, des journalistes sont présents. Les micros et les caméras se tendent et tant le procureur général de Reims, Yves Charpenel, que le procureur du roi de Namur, Cédric Visart de Bocarmé, répondent à leurs questions tout en se dirigeant vers la salle de réunion. Quelle n'est pas ma surprise lorsque plusieurs journalistes entrent à leur tour ! J'interroge Yves Charpenel, qui me répond qu'il ne voit pas d'objection quant à leur présence, au moins au début de la réunion. Encore aujourd'hui, je ne comprends pas ce manque de discernement. Nous aurions ainsi débattu des moyens à mettre en œuvre pour assurer à la fois la sécurité du lieu et préserver le secret des enquêtes devant des médias. Impensable ! J'ai alors demandé aux journalistes de sortir, en leur indiquant que le procureur général de Reims ne manquerait certainement pas de faire un point presse à l'issue de cette réunion. Les journalistes ont dû être rassurés par le fait qu'ils n'auraient donc pas droit à mes propos « minimalistes », comme ils les avaient déjà précédemment qualifiés.

Au cours de cette importante réunion, j'ai insisté sur la sécurité du site et des deux détenus. Plusieurs zones ont été décidées pour définir les accès et les catégories de personnes autorisées à y pénétrer. À proximité immédiate des lieux de fouilles ne seraient admis que les détenus et leurs escortes, les autorités judiciaires françaises et belges, ainsi que les enquêteurs. Tous les intervenants ont accepté ces règles.

Mais, le lendemain, le jour des fouilles, alors que les détenus sont arrivés, que les lieux et l'organisation pratique des travaux sont globalement définis, que les engins de chantier sont en place pour creuser le sol à deux endroits éloignés du parc, je vois venir vers moi le lieutenant Jacquemin. Il est pâle et m'explique que, depuis environ une heure, une personne se tient auprès des deux procureurs Charpenel et Bocarmé, non loin de Fourniret. Il m'apprend qu'il s'agit du frère d'Élisabeh Brichet, venu dans la voiture du procureur du roi de Namur. Dans ce premier périmètre, personne n'a fait l'objet de palpations puisque nous sommes tous des professionnels de la justice et de la police. Il pourrait donc être porteur d'une arme sans que nous le sachions, et personne ne peut douter de l'animosité ou de la haine qu'il doit éprouver à l'encontre de l'assassin de sa petite sœur. Je me dirige rapidement vers le groupe et interroge les deux magistrats. Ils sont très gênés, le procureur général de Reims s'éloigne un peu et le procureur du roi de Namur m'explique que, en dépit de ses engagements de la veille, il n'a pu refuser cette demande du frère de la victime, car la pression était trop forte... Sur un ton peu amène, je leur indique très fermement que si, dans les minutes qui suivent, ils n'expliquent pas au frère d'Élisabeth qu'il ne peut rester dans cette zone, en prenant bien sûr toutes les précautions utiles s'agissant d'une victime, j'interromprai immédiatement les opérations de fouilles. Je pense avoir été convaincant car aussitôt le frère d'Élisabeth s'est éloigné.

Je ne comprendrai jamais cette attitude qui m'a semblé d'une inconscience totale. De pareils manquements aux règles les plus élémentaires de sécurité me laissent encore aujourd'hui abasourdi. Si le frère de la victime s'en était pris à Fourniret, qui donc aurait subi à juste titre les critiques les plus vives ? Cela aurait été l'organisateur de la journée de fouilles, c'est-à-dire moi-même, qui, au-delà même de la sécurité du meurtrier, aurait d'une part anéanti les souhaits des familles qui attendaient tellement son procès et, d'autre part, mis un terme aux recherches futures des autres victimes. Et comment ces autorités judiciaires n'ont-elles pas pensé à la vision terrible qui se serait imposée au frère d'Élisabeth si l'on retrouvait son corps enfoui depuis quinze ans dans cette terre de glaise ? Il me faudra quelques heures pour pouvoir échanger à nouveau avec le procureur général Charpenel qui, j'en suis convaincu, ne pouvait pas ne pas avoir été informé de cette initiative incompréhensible de la part de son collègue belge.

Très tôt dans la matinée, le commandant de gendarmerie, en responsable avisé et consciencieux, a demandé à ses hommes d'inspecter les lieux pour s'assurer qu'aucun journaliste, photographe ou curieux ne se trouve à proximité immédiate des sites de fouilles. Il m'indique à mon arrivée avoir été interloqué de découvrir qu'un journaliste muni d'un appareil photographique professionnel avait profité de l'obscurité de la nuit pour creuser un trou à quelques dizaines de mètres du château et s'y dissimuler, vêtu d'un treillis de camouflage. J'apprends également par la suite qu'un média avait tenté de louer aux propriétaires actuels du domaine une pièce de la cave munie d'un soupirail. Est-ce là un aspect du droit légitime à l'information ?

À l'arrivée des deux fourgons cellulaires de Fourniret et de Monique Olivier, je me dirige vers eux. C'est la première fois que nous allons nous voir, et j'ai conscience de l'importance de ce premier contact. Je m'y suis préparé. Le commandant Bourgard m'a averti de l'immense orgueil de Fourniret, de sa mégalomanie pathologique et de sa susceptibilité extrême. Deux choses l'énervent au plus haut point, d'une part lui faire remarquer qu'il commet une erreur, même légère, et, d'autre part, être comparé à d'autres tueurs en série « ordinaires et aux motivations primitives », selon ses déclarations. J'ai décidé par souci d'efficience d'entrer entièrement dans son jeu.

J'aborde Fourniret en me présentant. Il est de petite taille, cheveux grisonnants, barbe blanche courte, vêtu d'un vieux jean et d'un polo bleu. Un physique quelconque, voire insignifiant, hormis des bras musclés – il avait été surnommé « Popeye » par d'anciens codétenus –, et des mains disproportionnées, larges et puissantes. En les voyant, j'éprouve un sentiment de répulsion, les imaginant enserrant le cou de ses jeunes victimes. Mais, très rapidement, je me reprends. Décidé à donner le change, je me force à lui tendre la main pour le saluer. Puis je lui explique, sur un ton sans émotion apparente, le but et le déroulement de cette journée et le remercie par avance de sa décision de nous aider. Déguiser ainsi mes réels sentiments me coûte beaucoup moralement mais c'est, à mon sens et pour l'instant, la seule attitude possible pour obtenir sa collaboration. Je n'imaginais pas que je devrais conserver cette position hypocrite pendant plus de quatre années.

Fourniret me salue à son tour et, d'un ton très calme, me confirme la qualité de ses souvenirs et sa décision de nous apporter son aide. Puis, il me regarde fixement de ses yeux d'un bleu acier et me dit : « Vous me paraissez équilibré et volontaire, mais personne ne sortira indemne de l'affaire Fourniret, pas même vous, monsieur le Procureur. » Ce fut indéniablement une phrase prémonitoire.

Mon épouse elle-même n'en est pas sortie indemne. J'ai commis l'erreur de lui relater en détail les propos ignobles de Fourniret chaque fois que je passais de longues heures avec lui en Belgique. Pour obtenir des informations de la part de Fourniret, je supportais en effet son plaisir pervers à me préciser tous les détails des viols et des meurtres de ces jeunes filles. Après parfois dix à douze heures d'entretien, lorsque je rentrais chez moi, je ressentais le besoin de me libérer de cette tension intense. Et mon épouse était toujours là, attentive et prévenante. Je me suis ainsi confié à elle à de multiples reprises. Elle a subi mes propos sans en imaginer les conséquences pour elle-même. Après le procès qu'elle a suivi intégralement, son traumatisme s'est révélé, qui a nécessité une année entière de psychothérapie. En m'aidant, elle s'était inconsciemment abîmée.

Par la suite, après ces « présentations », Fourniret et moi-même nous dirigeons vers l'entrée du domaine, à l'endroit présumé de l'ensevelissement du corps de Jeanne-Marie. Fourniret observe longuement les lieux, indique les changements importants de végétation et, par conséquent, la difficulté pour lui de situer précisément l'endroit. Pendant environ une heure, il se déplace, prend des repères, mesure les distances de son bras et réfléchit d'autant plus intensément qu'il sait que tous les regards sont braqués sur lui. J'ai le sentiment que cela flatte son ego démesuré. Il se tourne enfin vers moi et m'indique trois emplacements qu'il numérote lui-même 1F (Fourniret), 2F et 3F, selon leurs degrés de probabilité. Il me précise qu'à l'époque il avait effectué à cet endroit des travaux de terrassement pour enfouir la gaine électrique de son portail. Il m'affirme qu'il n'a pas creusé plus profondément et qu'il a donc déposé le corps de la victime dans cette tranchée d'une profondeur approximative de cinquante centimètres. Par précaution, je demande au pelleteur de creuser à une profondeur d'environ un mètre. J'indique également au pelleteur qu'il doit effectuer ce travail de manière très progressive et stopper immédiatement s'il aperçoit quelque chose d'anormal.

Nous nous dirigeons ensuite à cinq cents mètres de là, sur le côté arrière droit du château, où Fourniret a déclaré y avoir enseveli la petite Élisabeth. Fourniret procède de la même manière et indique trois emplacements probables aux autorités judiciaires et policières belges.

La matinée, puis une large partie de l'après-midi se passent sans résultats, en dépit des efforts de chacun. Je n'ai cessé de discuter avec Fourniret, de manière normale, sur des sujets divers qui, pour certains d'entre eux, pouvaient lui être agréables. Je l'ai fait sans effort particulier, exclusivement tendu vers le but que je m'étais assigné. J'ai tenté d'échanger également avec Monique Olivier, mais ce fut beaucoup plus bref, celle-ci n'ayant bien évidemment aucun souvenir, comportement qu'elle conservera pendant plus de quatre ans. Au moins ne commettra-t-elle pas d'erreur, contrairement à son époux…

Vers 17 heures, après huit heures de fouilles infructueuses, le procureur général de Reims s'avance vers moi et, à l'écart de Fourniret, m'indique qu'il est persuadé que celui-ci nous ment, nous manipule et nous donne de fausses indications. Après plus de sept heures passées à fouiller, il me conseille d'arrêter les opérations pour les reprendre ultérieurement quand nous aurons obtenu des éléments complémentaires. Je lui réponds que je ne partage pas son sentiment et que, par intuition, Fourniret me paraît sincère. Je décide de continuer pour un temps les fouilles et j'engage alors une nouvelle discussion avec Fourniret. En prenant garde de ne pas le vexer, je lui fais part de mes interrogations quant à ses souvenirs, en raison des changements de végétation qui se sont produits durant ces quinze années. Il m'assure de la fidélité de sa mémoire et se montre affirmatif quant à ses localisations. Je l'interroge alors sur la profondeur de l'enfouissement et, curieusement, il esquisse un léger sourire en me disant : « Monsieur le Procureur, votre remarque est de nature à m'apparaître judicieuse et ne peut être écartée d'un revers de main. Nous pouvons éventuellement la prendre en considération. » Je comprends alors qu'à travers ce style pédant, insupportable en ces circonstances, Fourniret vient peut-être de me livrer une nouvelle information. Cette profondeur initiale de cinquante centimètres était-elle de sa part une erreur ou un test pour vérifier si, selon ses déclarations antérieures, nous pouvions nous montrer « presque aussi intelligents que lui » pour obtenir son aide ? Cette deuxième hypothèse me semble vraisemblable car il adoptera la même attitude à d'autres occasions.

Je rejoins alors le pelleteur et lui indique qu'il va falloir creuser à nouveau les trois premiers trous, cette fois à une profondeur bien supérieure au mètre initial, au minimum 1,80 mètre. Un peu contrarié dans la mesure où ces trous ont été comblés au fur et à mesure des changements de site, il commence à creuser une nouvelle fois le trou F1.

Un peu plus tard, j'entends le pelleteur pousser un grand cri et je le vois, blême, tétanisé, avec les deux mains en l'air. Accrochée aux dents du godet de la tractopelle, une masse informe et grisâtre laisse apparaître un fémur qui pointe vers le haut. C'est à n'en pas douter une partie du corps de Jeanne-Marie. Nous sommes tous figés, frappés de stupeur par cette vision. Je reprends rapidement mes esprits et je demande à Fourniret de m'accompagner au bord du trou. À une profondeur d'environ 1,5 mètre, des ossements et des tissus pris dans la glaise grise des Ardennes sont visibles. Fourniret me paraît déstabilisé et, profitant de cet état, je décide de l'interroger aussitôt sur d'autres victimes et corps enterrés au Sautou. Je le remercie tout d'abord de sa collaboration et lui précise que monsieur Desramault va pouvoir enfin donner une sépulture digne à sa fille. Puis je lui demande de continuer à nous apporter son aide pour tous les autres parents qui souffrent terriblement depuis des années. J'essaie de jouer sur ses sentiments, pensant qu'en dépit de ses crimes horribles, il pourrait faire preuve de remords ou au moins de pitié. Fourniret me regarde froidement, sans aucune émotion apparente, et me dit : « Vous avez raison, monsieur le Procureur, c'est important pour les familles des victimes, et cette scène est assez difficile à visualiser. Rendez-vous compte, cette jeune fille a l'âge de la vôtre. » À cet instant, je suis sidéré par cette remarque. Comment peut-il savoir que j'ai une fille ? Comment imagine-t-il que je vais réagir ? Nous nous dévisageons très longuement, je m'efforce de ne montrer aucune émotion, je lui tourne le dos et je me dirige vers Monique Olivier qui se trouve à quelques mètres. Toujours dans le but de découvrir d'autres corps, je tente de la convaincre elle aussi de parler et je mise une nouvelle fois sur les sentiments qu'elle doit ressentir à ce moment. Je suis encouragé par les deux larmes qu'elle laisse couler sur son visage. Tout au long de cette journée, elle avait conservé une attitude froide et distante, comme si tout cela ne la concernait pas. Elle feignait de ne pas comprendre les questions et affirmait n'avoir plus aucun souvenir. Ces larmes traduisent-elles enfin un changement de sa part ? De son regard terne, elle me dit : « Vous avez raison, c'est terrible, terrible. Vous voyez dans quelle situation je me trouve ? » Elle lève alors les mains, me montre les menottes qu'elle porte et laisse échapper à nouveau quelques larmes.

Avec ce couple effroyable, je pense avoir atteint un monde parallèle où seraient ignorées la moindre compassion, la moindre humanité.

Je m'éloigne d'eux, lentement, comme vidé de toute énergie.

L'ensemble du corps est déterré et le squelette reconstitué sur une bâche. Le médecin légiste de l'Institut médico-légal de Bordeaux, le docteur Cromb, procède à l'examen externe du corps. La tête de la victime a été enfermée dans un sachet en plastique maintenu par deux nœuds. Une bande Velpeau a été apposée au niveau buccal et, sous cette bande, le nez et la bouche ont été obturés par deux bandes Elastoplast disposées en croix et très serrées. En raison de l'état de squelette du corps, l'autopsie ne pourra pas déterminer l'existence de violences sexuelles ni connaître formellement les causes du décès. L'hypothèse très probable d'un décès par asphyxie sera avancée en raison du triple bâillonnement occlusif des voies respiratoires.

Entre-temps, j'avais fait part aux autorités judiciaires belges de cette nouvelle indication de Fourniret. Ils ont repris à leur tour leurs fouilles initiales, à une profondeur supérieure, et ont également retrouvé le corps d'Élisabeth.

Les opérations terminées, le procureur général Charpenel se propose d'informer les nombreux journalistes présents des résultats de cette journée par un point presse sur place. Je connais son inclination pour les exercices médiatiques et j'accepte volontiers de lui céder ma place. Le code de procédure pénale prévoit pourtant que la communication publique m'incombe en ma qualité de procureur de la République. Par la suite, l'on entendra très souvent le procureur général se livrer, souvent à ma place, à des communications ou à des interviews. À tel point que des collègues bien intentionnés créeront la rumeur selon laquelle il agissait ainsi en raison de mes supposées piètres qualités orales. D'autres collègues également bien intentionnés me l'avaient répété… Je n'ai jamais prêté attention à ces propos car j'étais exclusivement tendu vers le soutien aux familles des victimes, la qualité de la procédure et la préparation d'un probable procès d'assises à Charleville-Mézières.

Ces ragots m'indifféraient jusqu'au jour où j'ai entendu le procureur général Charpenel déclarer qu'il était à l'origine de la découverte des corps de Jeanne-Marie et d'Élisabeth, alors même qu'il m'avait demandé de cesser les fouilles au risque de ne jamais les retrouver. Encore aujourd'hui, en 2023, dix-neuf ans après, je suis stupéfait de l'entendre, lors de la série documentaire de Patricia Tourancheau et de Pierre Chassagneux consacrée au gang des postiches, affirmer avec assurance que Fourniret lui avait donné l'indication de la profondeur du trou lors d'une conversation entre eux. Yves Charpenel n'a, tout au long de cette journée et pendant ces quatre années d'enquête, pas eu la moindre conversation avec Fourniret. Pourquoi donc prétendre le contraire ? Quelle peut être l'importance d'une telle contre-vérité au regard de l'enjeu réel, la découverte des corps des jeunes filles, sinon la manifestation d'un certain égotisme ? *Vanitas vanitatum.*

Avant le départ des détenus pour la Belgique, j'ai voulu connaître les raisons du sachet plastique noué autour du crâne de la victime et dont ni Fourniret ni Monique Olivier n'avait jamais parlé. Cette dernière n'en a bien sûr aucun souvenir. Quant à Fourniret, il ne me répond pas, puis, juste avant de monter dans le fourgon cellulaire, m'explique : « C'est moi qui ai placé ce sachet autour de la tête de Jeanne-Marie. C'était par respect pour elle car je ne voulais pas que ce beau visage entre en contact avec la terre… » Et il aura encore cette dernière phrase, terrible : « J'ai bien vu que, à plusieurs moments, vous doutiez de moi. Vous avez pensé que j'étais un affabulateur. Mais, savez-vous, monsieur le Procureur, que, lorsque je partais à la chasse, il était bien rare que je ne ramène rien. »

Fourniret savait qu'il allait me revoir souvent. Il préparait ainsi la suite…

Ce fut une journée terriblement éprouvante pour tous. L'une des pires que j'ai vécues.

J'étais partagé entre deux sentiments. Pour monsieur Desramault surtout, la satisfaction de ne pas m'être laissé gagner par le découragement et d'avoir suivi mon intuition. Et pour les années à venir et les longues et nombreuses journées que je partagerai avec ce couple si pervers et inhumain, une forme d'appréhension. Serai-je assez solide pour entendre d'autres monstruosités ?

8

« La posséder plus facilement »

Le 28 juillet 1989, quatre mois après le meurtre horrible de Jeanne-Marie, Fourniret et Monique Olivier se marient. Devant la croix qu'ils avaient fait mine de vénérer pour attirer Jeanne-Marie, ils s'unissent à jamais au service du Mal.

Cinq mois plus tard, le temps des démêlés judiciaires de Fourniret pour des faits de violence avec arme à l'encontre d'une automobiliste à Verdun, le périple criminel du couple reprend.

Le 20 décembre 1989, les services de la gendarmerie de Namur, en Belgique, sont informés de la disparition inquiétante de la petite Élisabeth Brichet, âgée de 12 ans.

Demeurant à Saint-Servais, dans la banlieue de Namur, Élisabeth vit avec sa mère, Marie-Noëlle Bouzet, et son frère Thomas âgé de 14 ans. Elle a passé l'après-midi au domicile d'une amie, Vanessa, à quatre cents mètres de chez elle. Vers 18 heures, toutes deux se sont rendues dans une boulangerie, sont rentrées à nouveau chez l'amie d'Élisabeth et, peu avant 19 heures, celle-ci a décidé de rentrer à son domicile. Elle ne le rejoindra jamais.

Dépeinte comme une fillette gaie, enjouée et très attachée à sa mère, elle n'a jamais évoqué une quelconque intention de fugue.

Cette disparition va créer un émoi très fort en Belgique, une nation qui émerge seulement des « années de plomb », avec les tueries du Brabant, les attentats des Cellules communistes combattantes ou le procès raté de la filière boraine. Madame Bouzet, la maman d'Élisabeth, sera l'une des instigatrices de la première marche blanche en Belgique, qui réunira plus de 300 000 personnes à Bruxelles, en 1996.

L'instruction judiciaire ouverte au tribunal de Namur se poursuit pendant quatorze années. En dépit d'investigations multiples explorant systématiquement toutes les hypothèses possibles, les recherches restent vaines jusqu'à l'interrogatoire de Monique Olivier du 28 juin 2004, qui met Fourniret en cause dans cet enlèvement suivi du meurtre d'Élisabeth. Comme toujours, dans un premier temps, elle dénie toute participation à ce crime, avant de finir par reconnaître, après de longues heures d'interrogatoire, qu'elle a, cette fois encore, joué un rôle essentiel.

Le 30 juin 2004, Fourniret passe à son tour aux aveux.

Fourniret et Monique Olivier, accompagnés de leur fils Selim âgé de 14 mois, se sont rendus ce jour-là à Namur chez un numismate pour échanger des pièces d'or provenant du magot du gang des postiches.

Au retour, ils « partent en chasse » dans plusieurs quartiers de la ville. Fourniret repère « deux beaux petits sujets », à Saint-Servais, qui rentrent dans une maison. Fourniret est « intéressé » au point de patienter plusieurs heures à proximité. Lorsque Élisabeth sort pour rejoindre son domicile, Fourniret et Monique Olivier prennent le prétexte de leur bébé malade pour la persuader de monter à bord afin de trouver en urgence un médecin. Le dispositif de sécurité des portières a été actionné auparavant, « un moyen de contrôle occasionnel des passagers », selon les déclarations de Fourniret. Élisabeth, cette gamine au grand cœur qui a voulu rendre service, est désormais à leur merci. Ni les cris ni les supplications de cette fillette de 12 ans, rudoyée et menacée, ne parviendront jamais à émouvoir Fourniret ou Monique Olivier. Fourniret est même contraint de faire une halte pour, selon ses déclarations, « la calmer ». Monique Olivier précisera que « la petite était morte de peur... Ça s'est bousculé ». Elle ajoutera, lors d'un interrogatoire, « qu'elle était agacée par les supplications de la petite », phrase terrible qui a fortement perturbé l'enquêteur belge.

Arrivé à proximité de la frontière, Fourniret se montre hésitant et peu sûr de lui. Il échafaude différents scénarios avant que Monique Olivier, beaucoup plus résolue, lui ordonne « d'y aller ».

Dans la nuit, ils sont de retour sans encombre à leur domicile de Floing. Fourniret porte la petite dans une chambre et l'attache sur le lit, les bras en croix, « la réaction instinctive du geôlier », précisera-t-il. Monique Olivier et Fourniret lui maintiennent tour à tour la tête pour la forcer à boire plusieurs verres d'apéritif, genre vermouth, afin de l'enivrer « pour la posséder plus facilement ». Après avoir dévêtu partiellement Élisabeth, Fourniret s'aperçoit que la gamine vient d'avoir ses premières règles. Il en fait part à Monique Olivier qui procède alors à sa toilette intime, alors même que la fillette, alcoolisée mais consciente, la supplie à nouveau de venir à son aide et pleure à l'idée de mourir.

Le 30 juin 2004, en Belgique, Monique Olivier fera l'objet d'un interrogatoire filmé. Devant les caméras des policiers, elle répétera ces gestes sans difficulté et relatera ses horreurs avec un calme, un détachement et une froideur terrifiants. Insoutenable.

Faute d'érection suffisante, en dépit cette fois encore d'une masturbation et d'une fellation pratiquées par sa comparse, Fourniret ne réussit pas à violer Élisabeth. À cette occasion, Monique Olivier lui donne un conseil abject : « Tu ne devrais pas leur parler. » Le couple Fourniret se couche ensuite dans la chambre voisine, laissant leur victime ligotée, les bras et les jambes en croix, sur le lit.

Le lendemain matin, Monique Olivier emmène Fourniret au château du Sautou avec Élisabeth dans le coffre. Elle a précisé « qu'il voulait à nouveau essayer avec la petite fille ». Elle part ensuite « faire les magasins » avec son fils, Selim.

Fourniret, quant à lui, porte sa victime à l'étage et la dépose sur un matelas. Il la déshabille et la regarde : « un corps en pleine formation, seins naissants, encore le poids de l'enfance… », précisera-t-il. Puis il tente à nouveau de la violer, en vain, en raison « de l'étroitesse de la fillette et de son état de crispation ». Monique Olivier indiquera que Fourniret « n'était pas du genre à prendre de force, mais plutôt à se faire supplier pour soi-disant donner du plaisir ».

Fourniret dit alors à Élisabeth que « le voyage se termine, c'est fini ». Terrorisée, la fillette se débat et crie tandis qu'il tente de l'étouffer avec un sachet en plastique. « Je dois me concentrer sur l'étanchéité du sachet en raison des mouvements et soubresauts de la fillette », indiquera-t-il. Il décide ensuite de l'étrangler, transformant, selon ses déclarations, « cette silhouette de danseuse classique en une loque humaine ». Lors de son interrogatoire filmé, il déclarera : « S'agissant du processus fixé à l'avance : à partir du moment où la résistance se manifeste, je dois la contrer. Ça devient un combat. Vous n'êtes plus vous-même, vous êtes un combattant qui a pour mission d'avoir le dessus, de vaincre le partenaire… Après, l'être qui me faisait face ne me fait plus face. Je me retrouve seul face au technicien que je suis, à l'homme organisé. C'est le côté rationnel de l'individu qui s'exprime, avec l'enchaînement de l'organisation. »

Il dépose ensuite le corps dans un congélateur presque vide, avant de l'enterrer dans le parc, à proximité immédiate du château, dans un lieu où, plus tard, leur fils jouera sans que cela ne les dérange en rien.

Le corps d'Élisabeth a été retrouvé en même temps que celui de Jeanne-Marie, le 3 juillet 2004, à l'endroit indiqué par Fourniret, mais, là aussi, à une profondeur bien supérieure à celle précisée dans un premier temps, à environ 2,50 mètres. Le squelette d'une enfant de 12 ans, des effets vestimentaires et une carte d'identité au nom d'Élisabeth Brichet ont été exhumés. Comme pour Jeanne-Marie, son identité a été confirmée par l'analyse de l'ADN génomique et mitochondrial. En raison de l'ancienneté du crime, ni les causes du décès ni l'existence de violences sexuelles n'ont pu être établies.

Lors d'une conversation en marge d'un interrogatoire, en Belgique, Fourniret a pris le soin de me détailler les derniers instants d'Élisabeth. Il m'a indiqué qu'il avait délibérément choisi un sachet en plastique transparent pour « voir les yeux horrifiés de sa victime s'éteindre peu à peu ». Il m'a décrit par le menu détail les transformations physiques progressives d'un visage sous l'effet de l'asphyxie.

Fourniret me testait une nouvelle fois. J'ai réussi, je ne saurai jamais comment, à rester de marbre pour ne pas défaillir devant lui, et à dissimuler toute émotion qu'il aurait pour sa part assimilée à de la faiblesse, défaut rédhibitoire à ses yeux. Cela m'aurait à jamais disqualifié pour la suite, si importante pour d'autres victimes. Cette apparence de froideur, ce semblant d'insensibilité, cette posture, paraît-il « professionnelle », me demandèrent un effort terrible. Et à l'heure où j'écris ces lignes, je suis encore profondément bouleversé. Pour reprendre l'expression du monstre, je suis loin d'être « resté indemne ».

9

Pitoyable mégalomanie

Le 21 novembre 1990, vers 17 heures, Natacha Danais, âgée de 13 ans, disparaît aux abords d'un centre commercial à Rezé, dans les environs de Nantes.

Sa mère signale sa disparition deux heures plus tard. Elle explique aux policiers qu'elle était partie faire des commissions dans ce centre commercial avec ses filles Natacha, Davina et Christine. Arrivée sur le parking, elle s'est rendu compte qu'elle avait oublié son porte-monnaie et a demandé à Natacha d'aller le chercher au domicile familial tout proche. Ne la voyant pas revenir, elle a cherché sa fille partout. En vain. Selon une de ses autres filles, Christine, Natacha serait montée à l'arrière d'un véhicule utilitaire de couleur blanche.

Trois jours plus tard, le corps sans vie de la fillette est découvert par un promeneur sur la plage de Brem-sur-Mer, en Vendée, à quatre-vingts kilomètres de Rezé. Partiellement vêtu, il manque son manteau, sa culotte, ses collants et ses chaussures.

L'autopsie de Natacha révèle plusieurs ecchymoses au visage et aux membres inférieurs, des marques cervicales sans indices de strangulation, des traces de liens aux poignets et trois plaies thoraciques, dont deux perforantes, qui ont provoqué une hémorragie mortelle. Les constatations médicales ne mettent pas en évidence de spermatozoïdes dans le vagin. Les examens toxicologiques établissent que le décès s'est produit le jour même de l'enlèvement. L'examen anatomo-pathologique des prélèvements effectués révèle des lésions pulmonaires de submersion, survenues au cours de la période d'agonie consécutive à l'hémorragie interne qui s'est déroulée sous l'eau.

Une information judiciaire est ouverte au tribunal de grande instance de Nantes le 27 novembre 1990. Les investigations menées sous la direction d'un juge d'instruction n'apportent aucun élément permettant d'identifier le ou les auteurs du crime et un non-lieu est prononcé le 1er octobre 1993. Le dossier sera rouvert à plusieurs reprises, sans résultats. Jusqu'aux aveux en 2004 de Monique Olivier, suivis de ceux de Fourniret.

La veille des faits, tous deux ont comparu devant le tribunal correctionnel de Nantes qui les a condamnés pour la destruction des tableaux du premier mari de Monique Olivier, André Michaux.

Le lendemain, ils se rendent dans le supermarché de Rezé pour faire des courses et, dira Monique Olivier, parce que « Fourniret avait encore des idées de recherche de jeune fille ». Ils garent leur fourgon utilitaire sur le parking de manière à surveiller les allées et venues de clients « pour qu'il puisse trouver ce qu'il cherchait, un beau petit sujet ».

Natacha traverse alors le parking pour aller chercher le porte-monnaie oublié au domicile familial et, hélas, passe à proximité des Fourniret. Monique Olivier l'aborde et, sous un prétexte d'ordre médical, réussit à la faire monter dans le véhicule. Monique Olivier précisera que sa « présence était de nature à rassurer la jeune fille ». La sœur de Natacha, Christine, est formelle sur ce point, elle a vu « cette dame aux longs cheveux noirs et à forte corpulence » aborder sa sœur.

Natacha est désormais prisonnière du couple Fourniret. Fillette courageuse et déterminée, elle hurle, se débat et les insulte. C'en est trop pour Fourniret qui s'arrête, donne le volant à Monique Olivier et passe à l'arrière du fourgon « dans le souci d'une recherche d'apaisement », selon ses propres termes.

Monique Olivier sait que « le train est lancé »… « Je savais que Michel l'avait enlevée pour abuser sexuellement d'elle et qu'il allait la tuer après, comme il l'avait fait avec d'autres. Il ne me l'a pas dit, mais cela coulait de source. »

« Dans un état de quiétude normal », selon Fourniret, Monique Olivier roule jusqu'à la tombée de la nuit et se gare « dans un petit endroit sombre ».

Fourniret lie les poignets de Natacha au-dessus de sa tête et tente de la pénétrer. Il reconnaîtra avoir ressenti « un contact avec la peau de Natacha », qui lui a dit « ça fait mal ».

Fourniret lui perfore alors la cage thoracique avec une sorte de poinçon cruciforme d'environ quinze centimètres, à trois reprises, « très lentement mais fermement et jusqu'à la garde ». « Elle me supplie d'arrêter. Elle me dit : qu'est-ce que vous m'avez fait ? Je saigne. J'ai utilisé ce poinçon car le propre des outils comme celui-là est de provoquer des hémorragies internes sans provoquer d'épanchements de sang. » Il finit par l'étrangler. Fourniret explique avoir tué l'enfant pour deux raisons : par souci d'impunité, mais surtout parce qu'il ne pouvait redonner sa liberté à une personne traumatisée par sa faute…

Après être reparti en direction de la côte, il s'engage dans un chemin, dévêt l'enfant et, pendant que Monique Olivier fait le guet, il enroule le corps de Natacha dans un sac de couchage de couleur rouge puis le dépose au bord de la mer et récupère le duvet. Fourniret prend la peine de laver le corps pour effacer toute éventuelle trace de sperme.

Tous deux repartent ensuite à leur domicile de Floing, dans les Ardennes. Ils roulent toute la nuit, effectuant quelques haltes en cours de route pour se débarrasser des vêtements de Natacha dans des poubelles publiques. Arrivée à Floing, Monique Olivier nettoie soigneusement et à plusieurs reprises le sac de couchage pour effacer les traces de sang et pouvoir ainsi le réutiliser…

Ce meurtre à l'arme blanche et le choix du lieu d'abandon du corps, sur une plage de l'ouest de la France, devait-il à nouveau engager les enquêteurs sur une fausse piste, celle de Francis Haulme, par exemple ? Je ne serais en rien surpris par cette idée de Monique Olivier.

Quelques jours avant la reconstitution de ce crime, les 15 et 16 mars 2006, Fourniret m'adresse un courrier pour me conseiller d'éviter toute médiatisation de cette affaire et, d'ailleurs, de toutes les autres : « Toute personne informée de mes recours à la suggestion psychologique dans le but d'obtenir l'adhésion potentielle d'une victime devrait mesurer les conséquences à divulguer ce savoir-faire sur la place publique. » Pitoyable mégalomanie.

Au cours de cette reconstitution, Christine, la sœur de Natacha, est formelle quant à l'identité de la personne qui a incité la victime à monter dans le fourgon : il s'agit bien de Monique Olivier.

Le médecin légiste, le professeur Rodat, présente plusieurs observations lors de cette reconstitution. Concernant l'entrave des poignets, la victime a été allongée sur le dos, en diagonale dans le fourgon, les mains attachées et les membres supérieurs en élévation au-dessus de la tête. Il précise également que les ecchymoses des membres inférieurs témoignent de la résistance de la victime. Pour les lésions constatées au niveau du visage, le légiste indique qu'il s'agit d'infiltrations ecchymotiques vitales, c'est-à-dire infligées du vivant de la fillette, de la racine du nez, des pommettes et des lèvres, ainsi qu'une lésion sur la face profonde du scalp. Il conclut que le décès est survenu à la suite d'un mécanisme d'asphyxie dû à la manœuvre de suffocation faciale pratiquée par Fourniret pour hâter le processus de la mort. L'agonie de la victime a probablement duré trois à quatre minutes. Le corps a été déposé dans l'eau et emporté par la marée, il a flotté entre deux eaux, y a séjourné environ 48 heures puis est revenu sur la grève avec les courants.

En raison d'une érosion de l'hymen, le professeur Rodat émet deux hypothèses, celle d'une fillette déjà réglée dont l'érosion proviendrait de tampons hygiéniques, ou celle d'un viol *post mortem*. La mère de Natacha ayant indiqué avoir acheté pour sa fille des serviettes hygiéniques mais jamais de tampons, le viol ou la tentative de viol *post mortem* est par conséquent très probable, à l'instar des caresses sur les seins de Jeanne-Marie après son décès ou de la tentative de viol sur Isabelle, comateuse.

Ceci a par ailleurs été confirmé par l'examen histologique, qui a démontré que la lésion de l'hymen de la petite Natacha n'était pas une lésion vitale.

Actes terribles de ce couple à la froideur terrifiante qui, dans leur périple criminel, enchaîne les uns après les autres les crimes d'enfants ou de jeunes filles.

Où est leur humanité ? Existe-t-elle seulement ? Leurs visages d'homme et de femme ne sont-ils qu'une façade, une apparence ? Je ne pouvais m'empêcher de me poser cette effrayante question.

10

Deux victimes rescapées

Hormis la petite Marie-Ascension Sangwe qui, par son courage et sa détermination, a permis l'arrestation de Fourniret, deux autres victimes citées lors du procès d'assises de 2008 à Charleville-Mézières ont miraculeusement échappé à la mort.

L'une, Joëlle P., grâce à sa finesse psychologique et sa rage de vivre, et l'autre, Sandra N., par son sang-froid et un heureux concours de circonstances.

***

Le 19 janvier 1995, Joëlle P., gérante d'une boutique de toilettage pour chiens à Namur, signale à la gendarmerie belge qu'elle vient d'être victime d'une tentative de viol et d'un vol à main armée.

Aux environs de 17 heures, un homme cagoulé et armé fait brusquement irruption dans son salon de toilettage. Après lui avoir demandé si elle est seule, il lui ordonne sous la menace de son arme de poing de s'allonger à terre. Il l'oblige ensuite à se relever et à lui donner ses clés avec lesquelles il ferme le salon. Puis il baisse les stores de la fenêtre, éteint les lumières et la contraint à s'allonger à nouveau. Après avoir tenté de l'entraver avec une paire de menottes, il utilise finalement une écharpe pour lui lier les mains dans le dos. Il lui caresse la poitrine en tenant alternativement une arme de poing ou un couteau à cran d'arrêt.

Après une quinzaine de minutes, l'agresseur lui demande des précisions sur l'agencement du magasin et lui propose « soit de se faire un petit plaisir avec lui, soit d'être ligotée et de partir avec lui en voiture ». Il lui ordonne de répéter : « Monsieur, je veux que tu me fasses un petit plaisir », puis il lui demande de se rendre dans l'arrière-boutique car il veut « la regarder nue dans la lumière ». Elle est désentravée et forcée de se déshabiller. L'homme baisse son pantalon, laissant apparaître son sexe en érection. Alors qu'elle est allongée, il s'avance vers elle pour la pénétrer. Elle crie et le supplie, en vain. Elle a alors la présence d'esprit de lui faire croire qu'elle est enceinte et gonfle son ventre. L'homme semble désemparé et lui tient des propos orduriers. Il lui permet de se rhabiller, lui lie les mains dans le dos avec son écharpe et lui indique qu'il va la bâillonner et l'emmener en voiture à Bruxelles. Puis il tente de lui enfoncer une mandarine dans la bouche et, alors qu'elle se débat et le repousse, lui empoigne la nuque, lui frappe violemment la tête sur le rebord de la douche et lui pose le canon du pistolet sur la tempe. Joëlle P. simule à cet instant de fortes douleurs au ventre. Elle lui dit que « c'est certainement le bébé et qu'il faut appeler une ambulance ». L'agresseur, surpris, lui dit qu'elle a de la chance et accompagne ces mots d'un geste du couteau pointé vers son abdomen. Joëlle lui demande d'appeler les secours, ce qu'il refuse en lui précisant qu'il vient de tuer un policier et que, si elle dépose plainte, il reviendra.

Avant de quitter les lieux, il s'empare de son portefeuille qui contient des espèces, des chèques, des documents d'identité et deux cartes bancaires pour lesquelles il force sa victime à répéter plusieurs fois le code secret. Ces deux cartes bancaires font l'objet le même jour de tentatives d'utilisation à Namur et à Jambes.

Joëlle P. précisera qu'elle avait reçu depuis environ un an quatre ou cinq appels téléphoniques la menaçant de viol ou d'agression.

Les certificats médicaux qu'elle a remis aux enquêteurs ont établi l'existence d'ecchymoses étendues sur l'ensemble du dos, sur les bras et le cou, d'une contusion cervicale et d'un état émotionnel extrêmement préoccupant.

Le 28 juin 2004, Monique Olivier révèle aux enquêteurs belges que son époux est l'agresseur de Joëlle P. et qu'à son retour au domicile il s'est confié à elle. Deux jours plus tard, Fourniret reconnaît à son tour les faits. Il explique qu'il connaissait ce salon de toilettage, qu'il avait noté son numéro de téléphone et repéré la jeune gérante deux ou trois ans auparavant. Ayant prémédité cette agression, il prend la précaution de se munir d'une cagoule et d'une arme de poing. Après avoir garé son véhicule à proximité d'un terrain vague, il rejoint le salon à travers champs et observe les lieux pendant un quart d'heure. Il entre ensuite cagoulé dans l'établissement et simule le rôle d'un individu poursuivi par la police, faisant apparaître son étui de revolver au ceinturon. Cette arme de poing est l'un des Manurhin 357 Magnum dérobés lors du cambriolage de la police aux frontières de Givet, tout comme la paire de menottes utilisée. Fourniret nie l'usage d'un couteau ainsi que toute violence, parlant « d'empoignade sans violence ». Il réfute également toute tentative de viol, comparant la situation à celle « d'un époux se heurtant à un refus de sa conjointe ». Il précise encore que son fantasme a été « détruit » quand il a cru que sa victime était enceinte alors « qu'elle avait accepté cette relation physique, même si ce n'était pas de gaieté de cœur ».

Monique Olivier indique pour sa part que, ce soir-là, Fourniret est rentré « calme comme d'habitude ». Il lui a raconté sa mésaventure. Elle considère que « ce que lui raconte Fourniret est banal »… Elle n'a même pas cherché à savoir s'il avait tué ou non sa victime.

Avec beaucoup de difficultés, elle reconnaît lui avoir acheté deux cagoules, dont l'une présentait des trous pour les yeux, mais n'a aucun souvenir des raisons de cet achat.

L'expertise psychiatrique ordonnée dans le cadre de l'information judiciaire sur la personne de Joëlle P. a révélé un état d'anxiété et d'angoisse majeur pendant toute la durée de cet examen. L'agression physique qui a pourtant été d'une extrême violence a été moins importante que l'agression psychique subie. Décrite par son époux comme étant dans un état second pendant plusieurs semaines, elle est restée cloîtrée chez elle pendant deux ans et demi. Elle vit dans un climat de terreur permanent dans une maison ultrasécurisée. À la suite de l'arrestation de Fourniret et de la médiatisation de cette affaire, son état de santé s'est considérablement aggravé. Selon sa psychiatre, elle souffre par ailleurs « du syndrome de la survivante et culpabilise d'avoir survécu à cet homme qui a commis des atrocités. Elle ressent un sentiment de désespoir par rapport aux victimes qui n'ont pas survécu ».

Sans antécédent psychiatrique, Joëlle P. présente une névrose de stress post-traumatique extrêmement sévère, avec des moments de reviviscence des scènes engendrant des épisodes de dépersonnalisation proches de la psychose. Ce trouble grave, qui se manifeste notamment par des réactions fortes aux scènes de violence cinématographiques ou à l'odeur d'une mandarine, s'est réactivé et amplifié par l'arrestation de Fourniret et l'évocation de ces faits.

En raison de son état de terreur permanent, avec d'importantes répercussions sociales, professionnelles, familiales et conjugales, la mise en place d'un suivi psychiatrique et psychothérapeutique est apparue indispensable pour l'expert. Celui-ci a également signalé que, par extension, les troubles psychiatriques de Joëlle P. commençaient à avoir des effets directs sur son petit garçon, complètement dépassé par les angoisses de sa maman.

Les séquelles résultant de ces faits sont pour l'expert psychiatre difficilement réversibles, et la guérison peu probable en raison de l'importance du traumatisme.

En 2008, lors du procès d'assises, soit treize ans après ces faits, Joëlle P. présentera un vécu traumatique identique, ce qui est « très rare » pour l'expert psychiatre appelé à la barre, qui précisera également « qu'elle mène une lutte incessante pour survivre » et qu'elle souffre « d'une incapacité permanente partielle de 30 %, ce qui, en matière psychiatrique, est rarissime ». Il insistera en outre sur « la nécessité de poursuivre un traitement médicamenteux et psychologique pour seulement l'aider à survivre ». Il conclura que « peut-être ira-t-elle mieux dans quinze ou vingt ans, mais pas avant ».

Par sa présence d'esprit, et sa rage de vivre, Joëlle P. a certes échappé à la mort, mais elle reste pantelante, vidée de tout, en grande partie détruite, elle et sa famille, et victime d'un véritable meurtre psychique.

***

Le 12 février 2000, Mireille Constant, une amie de la famille Noirot, se présente à la gendarmerie de Saint-Hubert, en Belgique, car elle a reçu les confidences de la jeune Sandra N., âgée de 14 ans et demi, victime d'une agression en gare de Gedinne.

Sandra confirme que ce jour-là, vers 9 h 15, alors qu'elle se trouve sur le quai de la gare de Gedinne, elle est abordée par un homme qui, dans un premier temps, lui raconte qu'il est à la recherche d'une petite fille de 6 ans. Après être reparti, il revient vers elle et lui propose un emploi dans une boulangerie à Libramont, ainsi qu'une somme d'argent de 10 000 francs. Sandra refuse et l'homme l'agrippe alors fermement par le bras et tente de l'entraîner avec lui, « avec une expression méchante, comme si on n'avait pas le droit de lui refuser ». L'endroit est désert mais elle réussit à se libérer de cette empoignade et l'arrivée du train lui permet de s'échapper.

Sandra l'ignore, mais elle vient d'échapper à une mort certaine et programmée. Elle précise également qu'elle ne croit pas à une rencontre fortuite et pense qu'elle a été repérée auparavant.

Sur présentation de photographies, elle ne reconnaît pas son agresseur. L'enquête de voisinage et l'audition du préposé au guichet de la gare n'apportent pas plus d'éléments d'identification.

Interrogé le 12 septembre 2003, Fourniret se souvient avoir abordé trois jeunes filles en gare de Gedinne ou à proximité. Pour l'une, apprentie boulangère à Libramont, il précise l'avoir prise en charge dans son véhicule et déposée dans cette localité. Pour une autre, la même situation s'est reproduite et il l'a transportée jusqu'à Rienne. Quant à Sandra N., il confirme l'avoir rencontrée à la gare et avoir discuté avec elle. Il n'exclut pas la possibilité de lui avoir proposé de l'emmener, ni celle de lui avoir parlé d'une boulangerie de Libramont en raison de son précédent contact. En revanche, il nie toute proposition financière ainsi qu'une empoignade.

Par la suite, Fourniret précise qu'il s'était rendu dans cette gare prétendument pour s'informer des horaires d'ouverture d'une entreprise de grains située à proximité. Il reconnaît que son approche « aurait pu conduire, parmi d'autres possibilités, à une relation physique entre lui et l'adolescente ».

Il admet également avoir connu le père de la victime, s'agissant d'un ancien collègue de travail, et avoir vu à plusieurs reprises ses enfants.

La mère de Sandra précise aux enquêteurs que Fourniret était un client régulier de la station-service qu'elle avait gérée de 1989 à 1996 dans une localité voisine, et elle n'a pas exclu le fait que Sandra ait pu le servir en essence. C'était, a-t-elle dit, « un client antipathique et froid ».

Devant le juge d'instruction, ainsi que lors de son procès, Fourniret a déclaré qu'il considérait que « l'action de Sandra N. était méprisable et correspondait à une tentative d'appropriation de la qualité de victime en raison de l'impact médiatique de ce dossier ». Dans une de ses déclarations antérieures, il avait déjà affirmé : « Cette prétendue victime, cette Sandra N., je lui cracherai à la figure. »

Sandra a eu l'honnêteté d'indiquer devant la cour d'assises qu'après une année psychologiquement difficile, elle a surmonté son traumatisme et retrouvé un équilibre personnel. Elle réalise « la chance d'être encore vivante, contrairement aux autres victimes ».

Ce ne sera malheureusement pas le cas des deux prochaines victimes de Fourniret, sur lesquelles l'horreur va s'abattre.

11

Découverte d'un corps dans un bois à Sugny

Comme je l'ai indiqué précédemment, la disparition de Céline Saison, le 16 mai 2000, a été le premier dossier dont j'ai pris connaissance lors de ma nomination en qualité de procureur de la République à Charleville-Mézières.

En dépit de la découverte de son corps le 22 juillet 2002 dans un bois à Sugny, en Belgique, les recherches de l'auteur du crime sont restées vaines. L'arrestation de Fourniret à Sart-Custinne le 27 juin 2003 a certes orienté les soupçons vers lui, mais sans résultats probants. Pendant un an, Monique Olivier le protège : « Marie-Ascension Sangwe est un cas isolé... Au fond de moi, je ne le crois pas capable de faire ça... Pour Céline Saison, c'est impossible, car c'est en semaine et, en semaine, il travaillait... Il ne se rendait jamais à Charleville-Mézières ou à Sedan... Je n'ai jamais remarqué qu'il avait un penchant pour les jeunes filles... » Elle le protège si bien qu'elle lui indique même que « son alibi pour Céline Saison ne tient pas la route » et elle lui en fournit un autre, plus convaincant, comme la sonorisation de ses parloirs en Belgique l'a démontré.

Ce n'est que le 22 juin 2004, après 120 interrogatoires, et parce qu'elle a été piégée par cette sonorisation des parloirs de la prison où était détenu Fourniret, qu'elle passe aux aveux, au demeurant très partiels, quant aux meurtres de Céline et Mananya.

Le 16 mai 2000, Fourniret lui fait part de son intention « d'aller chasser, après son travail ». À son retour, en soirée, il lui indique « d'un air souriant et satisfait, fier de lui, comme d'habitude, qu'il a obtenu satisfaction ». Il lui explique alors être allé dans l'après-midi à Charleville-Mézières et avoir abordé une jeune fille qui venait de passer des épreuves du baccalauréat. Il l'a persuadée de monter dans son fourgon dont le système d'ouverture de porte était bloqué.

Dans un endroit isolé, il la force à se dévêtir entièrement – « vous pouvez enlever aussi votre culotte, on est entre nous » – et l'oblige à lui demander : « voulez-vous bien que je vous suce, monsieur, s'il vous plaît ? ». Après cette fellation, il la contraint à le remercier. Fourniret précise à Monique Olivier qu'il a ensuite réussi à la pénétrer mais il est incapable de savoir s'il l'a déflorée ou non, « n'ayant pas eu l'impression de sentir une résistance ». Il indique ensuite à Céline qu'il ne peut la laisser en vie car elle pourrait le reconnaître. Monique Olivier affirme qu'il ne lui a pas précisé la manière dont il l'a tuée, mais elle suppose qu'il l'a étranglée.

Tous deux vident le contenu du sac de Céline et regardent une à une les photographies qu'il contient, prises lors d'un voyage scolaire. Cela les amuse beaucoup. Fourniret précisera d'ailleurs que Monique Olivier « était ravie que je ramène le butin à la maison ». Et c'est elle qui brûle ensuite ces photographies. Elle se souvient de la fierté de Fourniret lorsqu'il lui a raconté « comment il avait obligé la jeune fille à le supplier avec politesse de le sucer ».

Le lendemain, Monique Olivier se débarrasse des restes calcinés des objets personnels de Céline en les jetant dans une poubelle de parking.

Par la suite, ils parleront entre eux de cette affaire en regardant des émissions télévisées qui lui sont consacrées, « Perdu de vue » ou « Appel à témoins », et s'en amuseront car, selon Fourniret, « la police n'a aucun élément ».

Lorsqu'il a été entendu le 30 juillet 2003, Fourniret a juré sur la tête de sa petite-fille Léa qu'il n'avait rien à voir avec l'enlèvement de Céline Saison.

Le 30 juin 2004, à la suite des aveux de son épouse, il reconnaît plusieurs meurtres, dont celui de Céline. Puis il nie à nouveau catégoriquement et explique « qu'il lui arrivait fréquemment de communiquer avec son épouse sur la base d'affabulations, par réflexe de défi ou de mystification ». Dans la soirée, il finit enfin par admettre avoir commis ce crime.

« Partant à l'aventure », le 16 mai 2000, il se gare sur un parking à Charleville-Mézières afin de voler un pare-chocs pour remplacer le sien, endommagé. Il remarque à cet instant une jeune fille à pied et l'aborde sous le prétexte de la recherche d'une adresse. Céline, disposée à l'aider, monte dans le véhicule. Après avoir roulé quelque temps, il la menace d'une arme de poing, lui indique que sa portière est bloquée et « qu'elle n'a plus le choix ». Il s'engage dans un chemin forestier sur un ou deux kilomètres et se gare. Il reste volontairement silencieux un long moment afin, selon ses déclarations, « de la déstabiliser psychologiquement, un jeu pouvant être interprété comme un désir de possession mentale ».

Il lui indique ensuite ne pas vouloir la violer, pour éviter d'être dans l'obligation de la tuer, et lui « conseille » de lui demander poliment d'avoir des relations sexuelles avec lui. Fourniret précise aux enquêteurs que, ainsi, « l'agression sexuelle serait moins traumatisante pour elle ». Si elle refuse cette proposition, il lui dit qu'il sera alors dans l'obligation de la rendre aveugle en lui projetant de l'acide dans les yeux pour qu'elle ne puisse le reconnaître. Céline est contrainte de reconnaître qu'elle n'a pas le choix et il lui demande de se déshabiller entièrement

– « vous pouvez enlever aussi votre slip, on est entre nous » – et de se mettre un doigt dans le vagin. Puis il lui explique qu'« il va essayer avec autre chose », lui prend la main qu'il pose sur son sexe et la pénètre. Céline lui dit alors que « ça brûle » et il éjacule. Il précise que c'était « une relation sexuelle pacifique ».

Après s'être rhabillé, Fourniret reprend la route en obligeant Céline à s'asseoir sur le plancher du fourgon et, après quelques kilomètres, se gare sur un parking. Il passe alors une cordelette autour du cou de Céline, fait une boucle et l'étrangle. Sa victime se débat vigoureusement et tente de se redresser. Selon Fourniret, « sa mort lui a paru très longue ».

La séquestration de Céline a duré environ quatre heures, de 17 heures à 21 heures. Peut-on seulement imaginer les tortures morales endurées par cette jeune fille de 18 ans pendant ces heures interminables passées dans les griffes du monstre, avant de subir ses assauts répugnants et d'être assassinée dans des conditions horribles ?

Au cours des nombreux « entretiens » que j'ai eus avec Fourniret lorsqu'il était détenu en Belgique, il prenait un grand plaisir à me décrire très précisément la transformation physique du visage de sa victime qui s'étouffe et s'éteint peu à peu. Il a tenté de me faire croire qu'il avait assassiné Céline « avec grâce et élégance... Une noblesse dans ses gestes et seulement du désarroi dans le regard de sa victime ».

Fourniret a encore poussé la cruauté perverse de m'indiquer : « Il s'en est fallu d'un cheveu pour que je la reconduise chez ses parents, mais retourner en ville m'indisposait... »

Il gagne ensuite la Belgique et se débarrasse du corps de Céline dans un bois situé sur la commune de Sugny, tout près de la frontière française.

Fourniret conteste avoir fait boire sa victime, alors que l'analyse d'alcoolémie, effectuée à la suite de l'autopsie du corps, a révélé un taux de 0,35 gramme d'alcool par litre de sang. Or,

Céline ne buvait jamais d'alcool, et sortait d'une épreuve du baccalauréat lors de son enlèvement.

À son retour au domicile, Fourniret est très satisfait de lui. Seul, sans l'aide de Monique Olivier, il a réussi à enlever, violer et assassiner une jeune fille « sans violence brutale et vulgaire et par la seule pression psychologique qui vaut consentement ». Il donne bien sûr tous les détails à son épouse.

J'imagine Fourniret se rengorger devant sa muse meurtrière dont il n'a eu nul besoin, cette fois, pour commettre ce crime abject.

J'imagine à cet instant Monique Olivier, ce poisson-pilote à la couleur du sang, le flatter de ne plus avoir besoin d'elle, et mieux asseoir encore son emprise insidieuse et sournoise.

J'imagine et c'est abominable.

12

Un calvaire interminable

La disparition de la petite Mananya Thumpong est la seconde affaire que j'étudie tout particulièrement à mon arrivée à Charleville-Mézières.

Elle a été enlevée en fin d'après-midi à Sedan le 5 mai 2001, alors qu'elle sortait de la médiathèque et regagnait son domicile. Toutes les recherches entreprises sont restées infructueuses. Son corps a été retrouvé dix mois plus tard à Nollevaux en Belgique, à proximité de la frontière, ainsi que je l'ai précisé dans le premier chapitre.

Si des rapprochements sont faits avec le meurtre de Céline, aucun élément ne permet d'identifier l'auteur du crime.

La similitude du mode opératoire utilisé par Fourniret lors de l'enlèvement de Marie-Ascension, le 23 juin 2003, ainsi que les résultats de la perquisition effectuée à son domicile permettent seulement de le soupçonner, sans pouvoir le mettre en cause formellement, en raison de ses dénégations et de celles de Monique Olivier.

Après avoir innocenté son époux, la position de celle-ci va néanmoins évoluer, comme souvent. Elle indique tout d'abord aux enquêteurs belges : « Je crains que Fourniret ne soit impliqué dans les enlèvements de Céline Saison et de Mananya Thumpong… Il est capable d'avoir enlevé ces deux jeunes filles, mais je ne dispose d'aucun élément pour l'affirmer ou l'infirmer… Mais au fond de moi, je ne le crois pas capable d'une telle chose. » La ténacité de la police judiciaire belge va finalement se révéler efficace. Monique Olivier avoue également ce meurtre commis par Fourniret.

Après avoir nié formellement l'assassinat de Mananya, Fourniret va finir par le reconnaître. Il précise avoir rencontré sa victime à deux reprises. La première fois, il la repère à proximité de la médiathèque de Sedan, la surveille et la suit. Il réussit à la faire monter dans son véhicule « selon le processus habituel », dit-il, sympathise avec elle et la ramène à son domicile. Le soir même, il raconte cet épisode « de chasse » à Monique Olivier et lui fait part de son intention de la revoir prochainement, ce qui ne laisse aucun doute à son épouse quant à ses intentions sexuelles et homicides.

Fourniret précise que Mananya est tout d'abord réticente pour monter dans son fourgon, mais qu'elle le remercie ensuite. Il s'agissait pour lui « d'un jeu destiné à la mettre en confiance ». Ils ont discuté de choses diverses et Fourniret lui a parlé de son fils qui a le même âge et avec qui elle pourrait passer des moments agréables.

On peut imaginer la jouissance perverse du couple à l'idée de la mort prochaine et programmée de cette fillette.

De fait, quelques semaines plus tard, Fourniret indique à Monique Olivier « qu'il part reprendre la petite Asiatique ». Il se gare à proximité du domicile de Mananya et la suit quand elle sort pour aller à la médiathèque. Il patiente plusieurs heures, sort de temps en temps de la voiture pour ne pas attirer l'attention, et précise : « La durée de l'attente n'était pas un problème pour moi. J'étais détendu, désinvolte et fataliste. » Lorsqu'il voit Mananya sortir de l'établissement vers 17 heures, il part à sa rencontre « de façon naturelle » et la petite le reconnaît immédiatement.

Il lui propose de rencontrer ses parents pour envisager « une mise en relation des enfants ». Face à sa réserve, il ne marque aucun sentiment de déception et continue de marcher à ses côtés en discutant. À l'approche du fourgon, au moment de se séparer, il lui dit d'un ton détaché : « Vous savez, je ne suis pas un vilain monsieur. » À sa surprise, Mananya monte alors dans son fourgon. Fourniret franchit ensuite la frontière belge et emprunte un chemin forestier où il se gare. Après être resté un long moment silencieux, il lui demande d'émettre le souhait « de faire l'amour avec lui » et lui promet de la ramener ensuite chez elle. Mananya réfléchit pendant plus de dix minutes en silence. Il lui ordonne de passer à l'arrière du fourgon, l'allonge sur un lit de camp vissé au sol et la déshabille. Il précise que si la petite n'a jamais formulé son accord pour cette relation sexuelle, « elle le montrait néanmoins par son attitude ». Il l'attache ensuite aux montants du lit, précisant aux enquêteurs qu'« il s'agissait, non pas d'un rituel de domination, mais d'un rituel de prévention de réaction agressive ». Après avoir forcé Mananya à lui demander la permission de lui pratiquer une fellation et l'avoir remerciée ensuite, il la viole. La petite se débat vigoureusement. Fourniret lui demande de se rhabiller. Pendant des heures, il va la torturer mentalement. Il lui annonce tout d'abord qu'il va la ramener à son domicile, puis il se ravise et lui explique qu'il ne peut la laisser en vie car elle pourrait le reconnaître, avant de changer à nouveau d'avis. Mananya est de plus en plus terrorisée et il l'étrangle dans le fourgon, expliquant « que le souci d'impunité n'était pas totalement étranger à ce geste ». Il dépose ensuite le corps dans une sapinière, en Belgique, et se débarrasse des effets personnels de sa victime dans des poubelles situées en bordure de route.

À son retour à Sart-Custinne, Fourniret donne tous les détails du crime à Monique Olivier. Celle-ci affirme « qu'il était calme, satisfait et serein dans sa narration, sans aucun remords ». Elle précise également : « Il aime les situations de supplication dans les rapports sexuels, ce qui correspond à sa personnalité, étant certain de sa supériorité, d'une suffisance sans limites, et convaincu que ses victimes étaient amoureuses et satisfaites des rapports imposés. »

En outre, Fourniret lui indique « qu'il avait réussi à déflorer la petite avant d'éjaculer. Il était d'autant plus satisfait que la gamine était étroite et qu'il avait eu du mal à la pénétrer ».

Le viol et l'assassinat de Mananya tiendront, cette fois encore, un rôle important dans l'intimité de ce couple de monstres, ainsi que Monique Olivier l'indiquera lors du procès. Ils rejoueront cette scène atroce, Monique Olivier suppliant son époux de lui accorder ses faveurs : « Voulez-vous bien faire l'amour avec moi, monsieur ? », et le remerciant à l'issue.

La séquestration de Mananya, comme celle de Céline, a duré de longues heures pendant lesquelles la petite a été torturée moralement, Fourniret faisant naître en elle tour à tour des moments d'espoir, d'abandon, de terreur intense. Un calvaire interminable pour cette petite fille.

13

« Et toutes les autres victimes »

Fourniret et Monique Olivier ont été jugés et condamnés en mai 2008 par la cour d'assises des Ardennes pour les crimes et délits commis sur Isabelle Laville, Fabienne Leroy, Jeanne-Marie Desramault, Élisabeth Brichet, Natacha Danais, Joëlle P., Marie-Ascension Sangwe, Sandra N., Céline Saison et Mananya Thumpong. Hélas, les victimes de ce couple sont bien plus nombreuses. En mars 2008, ils ont été mis en examen à Charleville-Mézières pour les enlèvements et les meurtres de Marie-Angèle Domece et Joanna Parrish. Ces deux procédures n'ont pas été jointes aux précédentes et n'ont donc pas pu être jugées en 2008 pour des raisons qui m'étaient apparues évidentes. Cette décision m'a pourtant valu de vives critiques.

Par voie de presse, maître Seban, l'avocat de madame et de monsieur Parrish, a déclaré : « Nachbar voulait requérir le procès Fourniret avant de quitter Charleville. Il voulait un procès facile à mener, avec de bonnes victimes avouées et des cadavres retrouvés. » Outre que ces propos m'ont choqué dans leur expression pour le moins maladroite, ils étaient infondés et injustes.

Tout d'abord, cette décision n'émanait pas seulement de moi, mais également des juges d'instruction cosaisis, du parquet général et de la Direction des affaires criminelles et des grâces

(DACG) du ministère de la Justice. On nous avait recommandé d'inscrire ces procédures dans un deuxième cercle car elles étaient loin d'être clôturées et faisaient l'objet d'investigations multiples et vraisemblablement longues, notamment des expertises ADN. En outre, les charges pesant sur le couple Fourniret n'apparaissaient pas suffisantes à l'époque pour solliciter auprès des autorités judiciaires belges une extension d'extradition, préalable nécessaire à une mise en examen puis à un procès. Fourniret, en effet, niait formellement ces deux meurtres, et Monique Olivier avait rétracté ses aveux. Les inscrire dans les procédures du premier cercle aurait considérablement rallongé les délais d'audiencement devant la cour d'assises. Évidemment, aucun avocat ne le souhaitait, et certainement pas maître Seban lui-même, par ailleurs avocat de monsieur Desramault, alors âgé de 85 ans et dont la seule raison de vivre était d'assister au procès de sa fille unique.

Une autre critique m'a également blessé. Formulée de manière plus hypocrite, elle sous-entendait que je m'étais opposé à joindre ces deux dossiers à ceux du premier cercle pour une autre raison. Des allégations de violences que j'aurais infligées à Monique Olivier dans les locaux de la police judiciaire belge pour lui extorquer ses aveux dans les affaires de Marie-Angèle Domece et de Joanna Parrish, accusations qui auraient pu ressurgir lors du procès d'assises.

Élucubrations ridicules

Au cours d'une « conversation » avec Fourniret, celui-ci m'avait fait part d'une agression sexuelle et d'une tentative de viol commise en 1998 ou 1999 dans les environs de Sedan sur une jeune fille d'origine marocaine. C'est à ce titre que j'ai décidé d'assister, en compagnie du commandant Bourgard et du lieutenant Jacquemin de la police judiciaire de Reims, à l'interrogatoire de Monique Olivier programmé le 14 février 2005 à Dinant, en Belgique. Cet interrogatoire a duré plus de onze heures d'affilée, de 10 h 10 à 21 h 15, en présence de deux officiers de la police judiciaire belge et, au début, d'un substitut du procureur du roi de Dinant.

C'est donc en Belgique et en leur présence, selon les accusations de Monique Olivier formulées quatre jours plus tard à la directrice de la maison d'arrêt de Namur, que le commandant Bourgard et moi-même l'aurions violentée. Selon Monique Olivier, ces violences auraient consisté, si l'on se réfère à ses différentes versions, en claques violentes qui lui auraient fait perdre l'audition, ou en coups de poing, ou en tirage de cheveux ou même en coups de coude au niveau du sternum !

La réalité de ces « violences » est évidemment tout autre. À chaque question posée, Monique Olivier simulait une réflexion particulièrement longue, dix à quinze minutes, parfois beaucoup plus. Elle baissait la tête, le visage dissimulé entièrement par sa longue chevelure noire aux racines décolorées, hochait alternativement la tête de bas en haut ou de droite à gauche, poussait des gémissements plaintifs ou de petits cris gutturaux. C'était assez impressionnant. Après plusieurs heures passées ainsi et alors qu'elle n'avait pas bougé, qu'elle avait refusé de boire et de s'alimenter, Monique Olivier s'est figée complètement pendant plus de trente minutes. En raison de cet interminable silence, j'ai alors posé ma main sur son épaule en lui demandant si tout allait bien. En l'absence de toute réponse ou mouvement de sa part, je l'ai secouée légèrement en lui demandant « de revenir avec nous », et le commandant Bourgard, tout aussi surpris que moi par ce profond sommeil simulé, a fait de même. Les violences physiques alléguées et décrites par Monique Olivier n'ont donc jamais eu lieu, comme l'a démontré un certificat médical et comme l'ont attesté les différents intervenants.

De surcroît, les aveux de Monique Olivier concernant le meurtre de Marie-Angèle Domece étaient antérieurs à cet interrogatoire puisque c'est quinze jours avant, le 1er février 2005, qu'elle avait indiqué aux enquêteurs belges, en dehors de toute autorité judiciaire ou policière française, que Fourniret avait repéré en

Marie-Angèle Domece « un beau petit sujet » à Saint-Cyr-les-Colons.

En ma présence, le 14 février, elle n'a fait qu'apporter des détails sur ce meurtre en déclarant : « Spontanément, je vous dirai que, depuis, j'ai eu l'occasion de repenser à cette jeune fille et que j'ai décidé de vous dire ce que je savais au sujet de ce qui lui est arrivé… » Au cours du même interrogatoire, elle a poursuivi : « Je tiens aussi à vous parler, de ma propre initiative, de deux autres faits que je n'avais pas encore évoqués, une tentative d'enlèvement d'une jeune fille à la gare routière d'Auxerre en 1990 et, la même année, le meurtre d'une jeune fille… à qui Fourniret a donné des coups jusqu'à ce qu'elle ne parle plus, l'a ligotée, l'a violée, l'a étranglée et l'a jetée dans une rivière qui se trouvait près de la voiture… Après vous avoir indiqué volontairement ces nouveaux faits, je me sens soulagée d'un poids que j'avais sur la conscience. »

Ces aveux ont d'ailleurs été confirmés deux jours plus tard devant le juge d'instruction de Dinant, en présence de son avocat, aveux qu'elle a réitérés le 22 juin 2005 devant les enquêteurs belges. Au cours de ces interrogatoires, elle n'a jamais et à personne évoqué ces prétendues violences de ma part.

Sur cette plainte de Monique Olivier, le procureur général Charpenel a diligenté une enquête et conclu que « la plainte de Monique Olivier était en réalité une tentative de déstabilisation évidente pour empêcher que son jugement n'intervienne dans un délai précis en France. Elle tenterait ainsi de disqualifier les enquêteurs français ».

Je me suis longuement interrogé quant à l'initiateur réel de cette plainte de Monique Olivier. Était-ce véritablement elle, ou y a-t-elle été incitée ?

Quatre épisodes pencheraient vers la première réponse, à savoir une initiative personnelle de Monique Olivier.

En effet, le lendemain de cet interrogatoire du 14 février 2005, Monique Olivier a également été interrogée en présence d'officiers de la gendarmerie de la section de recherches d'Agen sur la disparition de la petite Marion Wagon. Et, de la même manière, Monique Olivier s'est plainte de brutalités verbales policières imaginaires et de grossièretés proférées à son encontre. Ces accusations ont également conduit les enquêteurs à se justifier à leur tour, déniant bien sûr toute brutalité, menace ou propos ordurier, et expliquant qu'ils avaient « dû seulement faire usage d'une nécessaire pression morale, Monique Olivier ayant irrémédiablement sombré dans un mutisme désarmant ».

Elle a menti de la même manière à l'encontre du juge d'instruction du tribunal de Dinant en faisant état de prétendues pressions et menaces de sa part.

Lors de son procès d'assises de 2008 à Charleville-Mézières, Monique Olivier a certes précisé clairement : « Je n'ai jamais été frappée par les enquêteurs français, mais je les craignais car ils posaient des questions plus directes que les Belges. C'était une crainte irraisonnée. » Cependant, fidèle à elle-même, elle n'a pas hésité à se plaindre à la maison d'arrêt de Charleville-Mézières du comportement du président des assises, Gilles Latapie, qui se serait livré à un véritable harcèlement moral à son endroit. Ces propos à nouveau mensongers ont bien sûr fortement vexé le président.

Très récemment encore, incarcérée à la maison d'arrêt de Rennes, Monique Olivier continue d'imaginer des violences subies. Dans la série documentaire parue sur Netflix et réalisée par Michèle Fines et Christophe Astruc sur l'affaire Fourniret-Olivier, madame Marie-Annick Horel, ancienne surveillante en chef, décrit les fausses agressions et les menaces qu'elle invente.

Monique Olivier profère donc régulièrement des accusations grotesques.

Quant à la seconde hypothèse, celle d'une incitation pour contraindre Monique Olivier à déposer une plainte pour des faits de violence de notre part, il faut bien admettre que plusieurs éléments sont troublants.

Le procureur général Charpenel n'a pas manqué de relever, dans son rapport à la DACG, que les allégations portées à mon encontre et celle du commandant Bourgard lui avaient été révélées par son homologue de Liège quelques heures seulement avant que la presse belge n'en soit informée et n'en fasse sa une.

Or, cette plainte est intervenue au moment où les magistrats belges devaient prochainement décider d'un regroupement éventuel de leurs procédures en France, pour que l'ensemble puisse être jugé à Charleville-Mézières. Et il était de notoriété publique que certains magistrats belges y étaient formellement opposés, voulant conserver leurs procédures en Belgique pour requérir ensuite aux assises.

Et c'est certainement une coïncidence si, dans la même période, un substitut du parquet de Dinant m'a téléphoné pour m'informer, sur un ton dramatique et d'une voix faussement catastrophée, du séisme judiciaire qui allait prochainement s'abattre sur la France. « J'en tremble encore », m'a-t-il répété à trois reprises, lorsqu'il a pris conscience de ce cataclysme annoncé.

Depuis 2004, la justice belge enquêtait, sans d'ailleurs que quiconque en France ne le sache, sur trois photos que le journal *La Provence* avait révélées et qui représentaient Fourniret assistant au procès de Christian Rannuci, le meurtrier de la petite Marie Dolores Rambla. Celui-ci avait été jugé en 1976, condamné à mort et guillotiné. En outre, il était précisé que Fourniret sillonnait à l'époque les routes de la région de Marseille dans un véhicule similaire à celui de Ranucci. Selon mon interlocuteur belge, l'homme figurant sur ces photos, dans la salle des pas perdus du tribunal de Marseille, ne pouvait être que Fourniret, toutes les caractéristiques physiques l'attestaient. Le substitut belge pensait que cela ne pouvait être une coïncidence en raison du profil de prédateur de Fourniret. Il en concluait donc que la justice française n'était peut-être pas à l'abri d'une terrible erreur judiciaire.

Après avoir vainement exhorté mon collègue à faire preuve d'une certaine réserve, le temps que les premières vérifications se fassent, je lui ai demandé de ne pas médiatiser en l'état cette affaire et de me transmettre une copie de ces photographies. Après les avoir reçues, j'ai été beaucoup moins convaincu de l'identité de Fourniret. Il n'existait objectivement qu'une vague ressemblance et, sans disposer de compétences dans ce domaine, la comparaison que j'ai pu faire entre sept ou huit photos de Fourniret datant de 1974-1976 et les clichés pris lors du procès Rannucci m'a convaincu du contraire.

Aux termes des vérifications entreprises, des auditions diverses ayant démontré que des détails physiques ou d'emploi du temps étaient impossibles à rapprocher, ainsi que de l'expertise de reconnaissance faciale, l'hypothèse Fourniret a été rapidement et définitivement écartée.

Je n'ai toujours pas compris « l'affolement » de mon collègue belge, suivi de cette exploitation médiatique qui, comme je le pressentais malheureusement, s'est produite immédiatement après mon entretien avec ce substitut…

Était-ce un manque de maîtrise de sa part ou une volonté de décrédibiliser la justice française, argument supplémentaire pour éviter le regroupement de toutes les procédures Fourniret en France ?

Monique Olivier a donc, dans un premier temps et de façon elliptique, mis en cause Fourniret dans les enlèvements et les meurtres de Marie-Angèle Domece et de Joanna Parrish. Puis elle l'a accusé beaucoup plus précisément, à plusieurs reprises et devant différentes autorités judiciaires et policières. Quelques mois après, elle s'est rétractée, invoquant des pressions dont elle avait été victime afin de passer aux aveux.

Fourniret, pour sa part, a très longtemps nié être l'auteur de ces faits criminels. Ce n'est qu'en 2018, grâce à la ténacité et à l'efficacité de la juge Sabine Khéris, que tous deux ont ensuite avoué ces deux crimes, de manière circonstanciée, précise et réitérée.

En juillet 1988, Marie-Angèle Domece, âgée de 19 ans et handicapée mentale, a disparu à Saint-Cyr-les-Colons, commune de résidence des Fourniret et de sa grand-mère, à qui elle rendait visite de temps en temps. Placée par la DDASS à l'âge de 2 ans, elle vivait dans un foyer d'Auxerre et rentrait le week-end chez sa nourrice. Sa famille n'a jamais cru à une fugue.

Elle a été enlevée par Fourniret en compagnie de Monique Olivier, qui était « une présence rassurante ». Fourniret a tenté de la violer puis l'a étranglée. Il a fait disparaître le corps à un endroit où il a craint pendant un temps « qu'il ne remonte en surface », selon ses propres déclarations.

À ce jour, le corps de Marie-Angèle n'a pas été retrouvé.

Deux années plus tard, en mai 1990, Joanna Parrish, une jeune Anglaise de 21 ans, enseignante dans un lycée d'Auxerre situé à proximité immédiate du foyer de Marie-Angèle, est à son tour enlevée. Son corps est retrouvé le lendemain, nu, dans l'Yonne à Monéteau.

À l'occasion d'un déménagement de meubles entre leur ancien domicile de Saint-Cyr-les-Colons et leur nouvelle adresse à Floing, dans les Ardennes, Monique Olivier a une nouvelle fois accompagné Fourniret « dans le but d'apaiser les inquiétudes éventuelles d'une jeune fille qu'il aborderait… pour que Michel puisse s'amuser avec elle et la tuer… » Ayant convaincu Joanna de monter dans le véhicule conduit par Monique Olivier, Fourniret a roué la jeune fille de coups jusqu'à la rendre inconsciente, l'a déshabillée entièrement, lui a lié les chevilles et les poignets et l'a sodomisée. Après l'avoir étranglée et jeté le corps dans une rivière, ils sont repartis dans les Ardennes et se sont débarrassés des vêtements de Joanna dans des poubelles en bord de route.

Seize ans avant de connaître la vérité

De la même manière, l'enlèvement, la séquestration et le meurtre de la petite Estelle Mouzin, âgée de 9 ans, ont été niés par le couple Fourniret-Olivier pendant de très longues années.

La fillette a disparu le 9 janvier 2003, et le crime ne sera avoué par le couple Fourniret qu'en 2019 pour Monique Olivier, et en 2020 pour Fourniret. Seize années d'une effroyable incertitude et d'un désespoir profond pour la famille d'Estelle.

Je ne connais pas ce dossier qui a été instruit à Meaux. Je n'ai donc jamais lu aucun procès-verbal de cette procédure. Les seules informations portées à ma connaissance ont été médiatiques.

Pourtant, dès le 15 février 2005, certaines dénégations de Monique Olivier devant les enquêteurs belges m'avaient troublé : « Je tiens à préciser que lorsque j'ai été interrogée sur la disparition d'Estelle Mouzin à Meaux, je ne savais pas que sa photo et des renseignements se trouvaient dans l'ordinateur de Michel Fourniret… Mais je me souviens qu'un jour, alors que nous regardions les informations à la télé, on a passé un reportage sur cette disparition. Michel Fourniret a dit en regardant cette émission, “en tout cas, celle-là, ce n'est pas moi”. Il l'a dit sur le ton de la plaisanterie. Je pense qu'il a dit la vérité car la disparition s'est passée en hiver et qu'à ce moment-là, il n'avait pas fait de déplacement. Je maintiens que je ne sais rien à ce sujet. »

Un peu plus tard, lors d'un échange informel avec Fourniret, je lui ai parlé d'Estelle et il m'a alors dit, avec un large sourire : « Celle-là, monsieur le Procureur, ce n'est pas moi… » C'était peu de temps après ses propos selon lesquels, pour obtenir sa participation, il fallait faire preuve d'une intelligence égale à la sienne. Était-ce un aveu en négatif ? Ma conviction s'est peu à peu forgée à la suite d'autres entretiens avec Fourniret, qui, pour nier ce crime, manifestait à chaque fois un plaisir pervers qui l'amusait.

L'importance de l'enjeu et la terrible détresse des parents d'Estelle m'ont conduit à adresser le 20 juillet 2006 un courrier à la DACG du ministère de la Justice, par l'intermédiaire du parquet général.

Dans ce courrier, j'ai fait part de ma conviction de l'implication de Fourniret dans l'enlèvement d'Estelle Mouzin. Celle-ci reposait sur plusieurs indices troublants et sur mon sentiment personnel, évidemment subjectif, lié à ma connaissance du fonctionnement psychologique de Fourniret. J'ai résumé ainsi les indices permettant de le suspecter :

— La présence d'un fond d'écran sur son ordinateur, constitué de deux photographies de presse d'Estelle Mouzin et d'une autre victime que Fourniret a reconnu avoir enlevée et tuée ;

— la présence à son domicile, à Sart-Custinne, d'une cassette vidéo enregistrant deux émissions de télévision, relatives, d'une part, à la disparition d'Estelle Mouzin et, d'autre part, à celle d'Élisabeth Brichet (n'ayant pas constaté personnellement ces deux éléments, j'ai indiqué qu'ils étaient toutefois à vérifier précisément) ;

— le mode opératoire et le profil de la victime, très proches de ceux relevés dans les meurtres reconnus par Fourniret ;

— la faiblesse, à mon sens, de l'alibi donné par Fourniret aux enquêteurs du SRPJ de Versailles, à savoir un appel téléphonique passé de son domicile à son fils le soir même de la disparition d'Estelle, ce qui rendait incompatible sa présence en Seine-et-Marne dans le créneau horaire de l'enlèvement. Or, depuis vingt ans, Fourniret n'entretenait plus aucune relation d'aucune sorte avec son fils ;

— la présence de fibres rouges relevées sur l'une des cordelettes retrouvées dans son véhicule C25 acheté en 1996, qui n'appartenaient à aucune autre victime de Fourniret, et alors qu'Estelle portait le jour de sa disparition un vêtement rouge ;

— la nouvelle version apportée par Fourniret lors de la reconstitution du meurtre de Fabienne Leroy. Contrairement à ses déclarations antérieures, il a indiqué au juge d'instruction de Charleville-Mézières, Anne Devigne, qu'il revenait ce jour-là de Gournay-sur-Marne. Cette nouvelle version n'a pas manqué de surprendre Anne Devigne qui, très perspicace, m'a fait part de la proximité de cette localité avec Guermantes, lieu de l'enlèvement d'Estelle. Elle a pensé que cette coïncidence n'était pas fortuite et pouvait correspondre à la personnalité manipulatrice de Fourniret ;

— la présence à Gournay-sur-Marne du couple Fourniret, quelques semaines avant l'enlèvement d'Estelle. Ils y ont rendu visite à une ancienne amie de Fourniret. Conformément à leur mode opératoire, un éventuel repérage ne pouvait être exclu.

J'ai conclu ce courrier en précisant que les différentes manipulations psychologiques et « défis » auxquels Fourniret m'avait habitué étayaient ma conviction.

Je n'ai jamais obtenu d'information concernant le crédit que le ministère de la Justice a accordé à mon courrier. Je crois que ce crédit a été très faible. Peut-être a-t-on considéré que, n'étant en rien juridiquement compétent, j'intervenais à tort dans cette procédure.

Je crains que le rigorisme juridique l'ait, hélas, emporté sur toute autre considération.

Peu de temps après, à l'occasion d'une formation à l'École nationale supérieure de police de Saint-Cyr-au-Mont-d'Or, j'ai eu l'occasion de rencontrer et d'échanger avec le directeur du SRPJ de Versailles. Je lui ai fait part de ma conviction de l'implication de Fourniret dans ce crime. Il m'a rétorqué que cela était impossible en raison de cet alibi téléphonique à son fils. Cela était pour lui déterminant, et aucun argument contraire ne devait être pris en considération. Fort de cette preuve indubitable, il m'a paru montrer une assurance à tout crin, sentiment qu'il me semblait pourtant indispensable d'éviter dans toute enquête ou instruction judiciaire…

Tenter d'obtenir de nouveaux aveux

Faisant preuve d'un entêtement qui peut paraître excessif, j'ai tenté une nouvelle fois d'obtenir de Fourniret des aveux quant à ce crime. C'était peu de temps avant son procès en 2008 à Charleville-Mézières. Je savais que je ne le reverrai plus avant les assises. J'ai pris le prétexte d'une demande d'entraide internationale des autorités judiciaires belges, la notification d'une décision relative à sa maison de Sart-Custinne, pour me rendre à la maison d'arrêt de Châlons-en-Champagne et avoir ainsi l'occasion d'un entretien direct avec lui.

J'ai été conduit par un surveillant dans une petite salle équipée d'une table et de deux chaises. J'ai formulé la demande d'être seul avec Fourniret. J'ai néanmoins pris la précaution de demander à ce surveillant de rester devant la porte et d'intervenir sans délai s'il entendait des éclats de voix. Je connaissais en effet les réactions parfois très violentes et irrationnelles de Fourniret.

Après avoir effectué très rapidement la formalité sollicitée par la justice belge, j'ai engagé une conversation sur un sujet auquel Fourniret était sensible, ses activités culturelles en détention. J'ai ainsi appris qu'il s'apprêtait à réécrire l'œuvre de Flaubert à qui il reprochait des fautes de style et de syntaxe… Face à cette nouvelle manifestation mégalomaniaque, je suis resté de marbre. Après avoir écouté patiemment Fourniret débiter ses balivernes, je lui ai parlé du prochain procès d'assises et indiqué que j'allais assumer les fonctions d'avocat général. Il était conscient de la peine qui allait être prononcée à son encontre et satisfait « de la vie monacale » qu'il allait vivre pendant des années. Il n'avait donc plus rien à perdre et c'est à cet instant que je lui ai une nouvelle fois demandé de penser à toutes les familles qu'il laissait dans l'incertitude. Il m'a souri, m'a répété cette phrase odieuse qu'il « partait à la chasse au moins deux fois par an et qu'il était bien rare que son art de la persuasion ne lui permette pas de rapporter un gibier… ». Mais il nous appartenait d'identifier les autres victimes avec, peut-être et de temps en temps, une aide de sa part. Son ton était très calme, il était détendu et satisfait.

À cet instant, je lui ai déclaré que, pour ma part, j'étais convaincu de sa culpabilité dans le meurtre d'Estelle Mouzin, et j'allais lui en préciser les raisons lorsque qu'il s'est levé très brutalement, s'est rapproché de moi et m'a hurlé que « celle-là, ce n'était pas lui ». À mon tour, je me suis levé. Il éructait des injures, son visage à quelques centimètres du mien, ses yeux étaient devenus translucides, il me postillonnait dessus et se montrait de plus en plus menaçant. J'ai réussi à surmonter ma crainte. J'ai hurlé également en lui disant qu'il ne m'impressionnait pas. Je lui ai intimé l'ordre de se rasseoir, tout en espérant l'intervention du surveillant pénitentiaire. Cette scène paroxystique m'a semblé interminable et, pendant cette algarade, la porte de la salle ne s'est jamais ouverte. Tout aussi soudainement, Fourniret s'est calmé et s'est rassis. J'ai fait de même et nous avons à nouveau discuté calmement. Une scène totalement surréaliste.

L'entretien s'est terminé, et lorsque j'ai demandé des explications au surveillant quant à son absence de réaction, il m'a simplement indiqué qu'il s'était éloigné un temps au bout du couloir pour discuter avec un collègue. J'ai préféré partir sans un mot.

En mai 2015, une codétenue de Monique Olivier a fait des révélations à maître Corinne Herrmann, avocate de monsieur Mouzin. Outrée par la froideur de sa compagne de cellule, elle a décidé de faire part des confidences de Monique Olivier quant à l'alibi qu'elle a procuré à Fourniret le soir de l'enlèvement d'Estelle. Monique Olivier a nié ces propos, y compris lors d'une confrontation avec cette codétenue devant le juge d'instruction.

Ce n'est que fin 2019 qu'elle a fini par avouer avoir servi d'alibi à son époux et indiqué qu'il était l'auteur de cet enlèvement préparé plusieurs jours auparavant, et suivi du meurtre de la fillette. Monique Olivier s'est donc tue pendant seize longues années.

Elle a elle-même participé à cette horreur et a séquestré Estelle pendant plusieurs jours, à Ville-sur-Lumes, dans les Ardennes, pendant que Fourniret allait au travail. Selon ses propres confidences, elle s'est montrée totalement indifférente aux supplications de la petite. « J'en avais l'habitude », aurait-elle même déclaré lors de ses confidences en prison.

Dans un premier temps, fidèle à son jeu manipulateur pervers, Fourniret a reconnu ce meurtre « en négatif » : « C'est un sujet à creuser… je vous exhorte à me traiter comme coupable… » Enfin, en mars 2020, il a déclaré : « J'ai le cul merdeux dans cette affaire. Je reconnais là un être qui n'est plus là par ma faute. »

Puis il a fait des aveux précis et circonstanciés. Ceux-ci sont indéniablement dus à la finesse psychologique et à la remarquable efficacité de la juge Sabine Khéris.

En dépit de fouilles importantes dans la zone où les Fourniret ont indiqué avoir enseveli ensemble le corps d'Estelle, dans les Ardennes, les recherches n'ont pas abouti.

Aujourd'hui, après le décès de Fourniret, seule Monique Olivier est en mesure de révéler le lieu de l'enfouissement du corps. Elle s'en est bien gardée jusqu'à présent et je crains fort qu'elle ne change pas d'attitude. Peu importe la détresse des parents d'Estelle, qui la laissera toujours froide et indifférente.

***

Depuis le premier meurtre commis sur Isabelle Laville en 1987, jusqu'à l'arrestation de Fourniret en 2003 après la tentative d'enlèvement de Marie-Ascension Sangwe, le couple n'a jamais cessé ses activités criminelles. Seize longues années de crimes, de viols et de tortures !

La période 1990-2000 ne fait hélas pas exception, même si les faits commis ont été parfois plus difficiles à caractériser juridiquement ou à prouver.

En 1990, à la même période que celle du crime commis sur Joanna Parrish, Monique Olivier a déclaré que Fourniret avait tenté d'enlever une jeune fille à la gare routière d'Auxerre, tentative avortée en raison du refus de celle-ci de monter dans le véhicule du couple. Fourniret a reconnu ce fait, mais la victime n'a pas été identifiée.

En 1992, à Sart-Custinne, Fourniret a violé une jeune fille au pair. Puis il l'a étranglée et enterrée avec l'aide de Monique Olivier dans le bois de Felenne, près de Beauraing en Belgique. Le couple avait recruté cette jeune fille belge, d'environ 16 ans, pour s'occuper de leur fils Selim âgé de 4 ans. En réalité, et selon Monique Olivier, « pour assouvir ses déviances et la tuer ».

Fourniret a contesté ce fait, reconnaissant seulement une tentative d'agression sexuelle, de nuit, en pénétrant dans sa chambre à l'aide d'une échelle. Pour étayer ses dénégations, Fourniret a même poussé la perversité jusqu'à écrire à un quotidien régional des Ardennes. Il a transmis à ce journal une lettre ouverte destinée à cette jeune fille pour lui demander de se manifester car, a-t-il écrit : « Votre silence fait grand bruit… » Il s'est même permis de livrer au journal un poème dont il a dû être très fier : « La jeune fille au pair/venue au bal en plein air/sous les lasers,/ne se trouve-t-elle pas six pieds sous terre ? » Cette victime n'a jamais été identifiée et son corps n'a jamais été retrouvé.

Au cours d'une audition ultérieure devant le juge d'instruction de Dinant, Monique Olivier a avoué avoir recruté trois jeunes filles au pair entre 1992 et 1997 pour que Fourniret les viole et les tue. Devant les enquêteurs belges, elle a précisé que le nombre de ces jeunes filles au pair, recrutées par petites annonces et tuées par Fourniret, s'élevait en réalité à six ou sept…

En 1993, Fourniret a été entendu dans les locaux de la police aux frontières (PAF) de Givet, dans les Ardennes. Il a repéré les lieux et est revenu le soir même pour commettre un cambriolage. Il s'est introduit dans ces locaux de police en sciant les barreaux de la fenêtre des toilettes situées à l'arrière du bâtiment et a procédé à une fouille systématique de tous les meubles en les fracturant. Il a dérobé une paire de menottes, six revolvers Manurhin 357 Magnum, un étui de ceinture et des cartouches. Il a revendu par la suite trois revolvers à Bruxelles, deux ont été retrouvés à son domicile et le sixième a été utilisé lors d'une tentative d'enlèvement en 1994. À son retour au domicile, il a raconté cet épisode à Monique Olivier qui a précisé aux enquêteurs qu'« il était satisfait de lui car c'était facile et qu'il était entré sans problème. Il m'a ainsi fait comprendre qu'il souhaitait se moquer des forces de police ».

En 1993, Fourniret a également avoué devant le juge d'instruction de Dinant en Belgique avoir commis l'enlèvement d'une conductrice d'un véhicule Ford Fiesta de couleur bleue. Sous la menace d'un pistolet Manurhin dérobée à la PAF de Givet, il l'a obligée à passer à l'arrière de sa voiture et à se déshabiller, puis à se rhabiller. Après avoir roulé un moment, la victime a réussi à sauter hors du véhicule et à s'enfuir. Fourniret a précisé avoir consciencieusement essuyé toutes traces papillaires dans la Ford Fiesta avant de partir. Cette victime n'a jamais été identifiée. Interrogé sur ce fait, Fourniret a parlé d'un « simple covoiturage ».

Cette même année 1993, Lydie Logé, âgée de 29 ans, documentaliste et mère d'un enfant de 9 ans, a disparu à Saint-Christophe-le-Jajolet dans le département de l'Orne. Son corps n'a jamais été retrouvé et les recherches sont demeurées vaines. Cette enquête a été relancée en 2018 grâce à la comparaison de l'ADN issu d'un élément pileux retrouvé dans le C15 de Fourniret et de l'ADN de la mère de la jeune femme. Devant les enquêteurs, Fourniret aurait déclaré : « C'est un âge qui correspond à celui que je cherchais… Son visage me dit quelque chose… Ses traits ne me sont pas inconnus… Si cet ADN a été découvert, c'est qu'elle est passée sur le chemin Fourniret. » Devant la juge

Khéris, Fourniret n'a pas exclu « un possible cheminement » dans le département de l'Orne. Il a été mis en examen pour enlèvement, séquestration, détention arbitraire suivis de mort. Monique Olivier a également été mise en examen dans cette procédure criminelle pour complicité. L'instruction confiée au pôle *cold case* de Nanterre est toujours en cours.

En 1994, Fourniret a reconnu la tentative d'enlèvement d'une infirmière à Jette, dans la région bruxelloise. « Décidé à partir en chasse », il était accompagné de Monique Olivier, selon ses déclarations. Celle-ci a conduit leur voiture et s'est garée en contrebas d'un parking de l'hôpital AZ-VUB. Il a rejoint ce parking seul et à pied, en portant un sac contenant un des revolvers Manurhin 357 Magnum et la paire de menottes dérobés à la PAF de Givet, un slip d'enfant, des liens et un rouleau adhésif de grande largeur. Alors qu'il attendait la sortie d'une infirmière vraisemblablement repérée auparavant, il s'est senti observé par un agent de sécurité de l'hôpital et s'est enfui en abandonnant son sac sur place. Celui-ci a été trouvé un peu plus tard et rapporté à l'accueil de l'établissement.

En 1995, Mélanie B., âgée de 14 ans, a passé une annonce dans un supermarché de Givet, dans les Ardennes, pour proposer ses services de baby-sitter. Monique Olivier lui a téléphoné. Un rendez-vous a été pris. La semaine suivante, Monique Olivier et Fourniret se sont présentés chez cette jeune fille. Tous deux lui ont précisé qu'ils avaient trois enfants et qu'ils cherchaient une baby-sitter pour les garder le temps d'un week-end, dans leur grande maison de la région de Gedinne. Monique Olivier a précisé à la maman de la jeune fille qu'ils viendraient eux-mêmes la chercher. Réticente, la mère de Mélanie a demandé leurs coordonnées téléphoniques pour pouvoir éventuellement joindre sa fille. Les Fourniret ont répondu ne pas avoir de téléphone chez eux. La maman de Mélanie a alors refusé que sa fille parte avec eux dans de telles conditions. Les Fourniret sont repartis en déclarant qu'ils reprendraient contact avec elle ultérieurement, ce qu'ils se sont bien évidemment gardés de faire. Monique Olivier a reconnu que ces démarches avaient pour but de recruter une victime pour que Fourniret la viole puis la tue. Fourniret a, pour sa part, refusé de s'expliquer sur ce projet.

En 1996, Malgorzata O., une jeune étudiante polonaise de 19 ans qui résidait alors à Louvain en Belgique, a été employée comme jeune fille au pair chez les Fourniret. Elle a été recrutée et amenée à Sart-Custinne par Monique Olivier pour s'occuper de leur fils Selim âgé de 8 ans. Pour la recruter, Monique Olivier a indiqué avoir elle-même téléphoné à la jeune fille « puisqu'il était convenu qu'une voix féminine allait davantage rassurer la jeune fille ». Malgorzata a séjourné plusieurs jours au domicile des Fourniret. Elle a précisé que Selim était « très renfermé et replié sur lui-même » en présence de sa mère, qui était très sévère avec lui. Il faisait l'objet de nombreuses brimades de sa part. En l'absence de Monique Olivier, c'était par contre un petit garçon très différent et même jovial. Elle avait suspecté qu'il faisait l'objet de maltraitances. Un jour, Monique Olivier a proposé à Malgorzata d'avoir des relations sexuelles avec Fourniret, précisant qu'elle n'était pas jalouse. En réalité, cette proposition a été formulée à la demande de Fourniret afin « de préparer le terrain, prendre les devants en observant ses réactions. Je savais que si la douceur n'avait pas suffi, il aurait abusé d'elle et je ne crois pas qu'ensuite il l'aurait laissée partir vivante… La recherche de la virginité n'était qu'un prétexte pour avoir des rapports sexuels avec une fille plus jeune que moi ».

La jeune fille, très choquée, a bien sûr décliné cette proposition et est partie le lendemain. Elle a eu la vie sauve car, par chance pour elle, les Fourniret avaient appris qu'elle avait laissé leur adresse et leur téléphone à ses parents et à son petit ami.

Monique Olivier a également indiqué que Fourniret consultait régulièrement les panneaux d'annonces dans les grandes surfaces, les grandes écoles ou les universités, ainsi que dans les journaux de petites annonces, dans le but « de trouver des cibles ». C'est elle qui était chargée de leur téléphoner pour les premiers contacts. Cela ne réussissait pas toujours « parce que soit c'était trop loin, soit c'étaient les parents qui répondaient… ».

En 1997, Monique Olivier a indiqué qu'elle avait dû dormir une nuit dans sa voiture avec Selim car Fourniret avait ramené au domicile « une jeunette » d'environ 16 ou 18 ans. Elle a prétendu ignorer s'il l'avait fait boire ou s'il l'avait droguée, précisant néanmoins qu'il conservait dans son fourgon de l'éther, de la ouate et des cordelettes « pour les neutraliser ». Elle n'a pas su, a-t-elle affirmé, ce qu'il était advenu de cette victime qui n'a pas été identifiée.

En 1998, une jeune Sud-Coréenne, Emi A., vivait à Liège où elle suivait des cours de piano et de langues. En avril 1998, elle a reçu un appel téléphonique de Fourniret qui lui a demandé si elle accepterait de donner des cours de piano à son fils Selim. Elle a été très étonnée qu'il possède ses coordonnées téléphoniques qui n'avaient été affichées nulle part. Fourniret a tenté de la rassurer en lui précisant les avoir obtenues au secrétariat de son université. Un rendez-vous a été fixé et, le lendemain, Fourniret et Monique Olivier, accompagnés de leur fils Selim, se sont présentés chez elle. Emi a refusé leur proposition, malgré leur insistance, car cette demande lui semblait peu sérieuse et parce qu'elle ne voulait pas se rendre chez des inconnus à la campagne. Un peu plus tard, Fourniret l'a recontactée pour tenter de la faire changer d'avis, lui faisant même écouter Selim en train de jouer de l'orgue. Emi a de nouveau refusé et a ainsi échappé au pire.

L'enquête diligentée par la police judiciaire belge a établi que le secrétariat de l'université de la jeune fille ne donnait jamais les coordonnées des étudiantes. Fourniret avait donc, conformément à ses habitudes, effectué des repérages, ce que devait confirmer Monique Olivier qui a précisé qu'il avait surveillé une école de langues à Liège, au début et à la fin des cours. Son but était de repérer une élève pour en faire sa victime, et il était convenu entre eux que Monique Olivier partirait le soir où il la ramènerait « afin qu'il puisse œuvrer ». Devant le juge d'instruction belge, Fourniret a confirmé qu'il détenait un listing d'étudiantes étrangères.

En 1998 ou 1999, Fourniret a commis une agression sexuelle sur une jeune fille d'origine marocaine d'environ 18 ans, prénommée Fatiah. Il me l'avait confié lors d'un entretien informel, et l'a confirmé devant les enquêteurs belges. Il avait pris en charge cette jeune autostoppeuse à Sedan. En roulant, Fourniret lui a demandé si elle était vierge et, devant sa réponse affirmative, lui a dit : « Eh bien, vous l'étiez jusqu'à aujourd'hui. » Après l'avoir menacée, il lui a indiqué que, si elle refusait, il la rendrait aveugle avec de l'acide. Elle a tenté en vain d'ouvrir sa portière qui était bloquée. Mais Fourniret précisera pourtant : « Elle ne semblait aucunement apeurée. » Après s'être engagé dans un chemin de terre, Fourniret lui a ordonné de se déshabiller entièrement et de le masturber. Il lui a caressé la poitrine et lui a « proposé » de s'allonger sur la banquette avant. Il a affirmé que, bien qu'étant en érection, il ne l'a pas pénétrée en raison de sa position inconfortable et de ses odeurs de transpiration : « Il y a eu un désamorçage pulsionnel engendré par les conditions d'inconfort. » Fourniret lui a ensuite demandé de se rhabiller et lui a précisé qu'il allait la ramener à Charleville-Mézières. Selon ses déclarations, « au cours du trajet retour, nous avons eu une conversation banale et parfaitement détendue. La jeune fille semblait avoir vécu là une expérience amusante qu'elle raconterait le lendemain à sa bonne copine ». Cette jeune fille n'a pas déposé plainte et n'a pu être identifiée.

En 2001, Fourniret a tenté d'enlever à deux reprises une jeune femme de 21 ans, Anne-Catherine L., qui circulait à vélo à Han-Sur-Lesse en Belgique. Elle a réussi à s'enfuir et à relever le numéro d'immatriculation de la camionnette. Le titulaire de la carte grise était Monique Olivier. Fourniret a indiqué avoir seulement agi « par sollicitude ».

Au début de l'année 2003, après une visite en famille d'un musée de Namur, Fourniret a indiqué à Monique Olivier que la jeune guide « lui convenait bien ». Le week-end suivant, il lui a annoncé qu'il s'absentait « pour s'occuper de la petite ». Monique Olivier a précisé que Fourniret était rentré le soir même en lui disant que la guide ne travaillait pas ce jour-là et qu'il n'avait pas réussi à la trouver.

Outre ces faits multiples, Fourniret a également commis trois autres agressions pour lesquelles il a été condamné à six mois d'emprisonnement ferme par la cour d'appel de Nancy, peine qu'il a effectuée à la maison d'arrêt de Bar-le-Duc du 13 juin 1991 au 18 janvier 1992.

En 1989 et 1990, il a en effet agressé verbalement et tenté de voler, sous la menace d'une arme, trois jeunes femmes dans les départements de la Meuse et de la Marne, avec les scénarios habituels du voyou traqué par la police ou de l'automobiliste en panne. Par chance, ces victimes ne sont pas tombées dans son piège et l'enquête a permis de l'identifier.

Pendant son incarcération, Monique Olivier lui écrit des mots doux : « Mon cher petit taulard préféré… je donnerais cher pour te faire sortir… j'ai hâte que tu reviennes… » Elle paraît impatiente de reprendre leur parcours criminel, interrompu par cette brève incarcération.

Contrairement à ce que certains ont pu penser à un moment, nous sommes donc bien loin d'une période blanche au cours de laquelle aucun crime ou délit n'aurait été commis par Fourniret.

Les experts psychiatres et psychologues sont également persuadés que l'activité criminelle du couple n'a jamais connu de parenthèse, et ils le déclareront devant la cour d'assises : « L'une des hypothèses, c'est que les crimes commis pendant cette période de dix ans furent trop odieux ou trop médiocres pour qu'ils en tirent le moindre bénéfice narcissique. Alors, ils se taisent. »

Le couple Fourniret n'a en réalité jamais cessé ses activités criminelles, enkysté pour toujours dans son immoralité totale, sa perversité extrême et son inhumanité effrayante.

J'ai été rapidement convaincu que le nombre de victimes de ce couple était supérieur de quinze à vingt à celui qui avait été obtenu au terme des différentes enquêtes et instructions judiciaires, un nombre pourtant déjà effarant. Suis-je en dessous de cette terrible réalité ?

Avec la série documentaire sur Netflix, « Dans la tête de Monique Olivier », j'ai appris l'existence d'un courrier de Fourniret à un ancien codétenu de Fleury-Mérogis avec qui il avait gardé des contacts. Cet ancien détenu lui a demandé de penser aux familles et d'avouer l'ensemble des meurtres commis. Fourniret, fidèle à lui-même, lui a répondu en joignant à son courrier un tableau détaillant ses meurtres. Outre ceux d'ores et déjà connus, il a ajouté trente-cinq cases vides, avec cette annotation : « Je m'en remets à l'obligeance et aux soins des autorités policières et aux auxiliaires de justice de chaque pays d'Europe d'énumérer les actes criminels dont je reconnais être l'auteur. La liste des victimes est la suivante : » Trente-cinq cases vides…

Je sais Fourniret mégalomane et prétentieux. Je le sais manipulateur et menteur. Je connais également son orgueil pathologique. Je ne l'imagine pas revendiquer des meurtres qu'il n'a pas commis ou inventer des crimes imaginaires.

Est-ce un délire pervers, une ultime provocation ou l'effroyable réalité d'un couple de tueurs en série ?

Le jour des fouilles au château du Sautou, lorsque j'ai vu pour la première fois Fourniret et Monique Olivier, j'ai peut-être rencontré le Mal. Le Mal absolu.

14

« Grâce à elle, j'ai pu aller jusqu'au bout. »

Peut-on expliquer des déviances aussi meurtrières ? Est-il seulement possible d'imaginer que puisse germer un jour cette idée de torturer autant de fillettes ou de jeunes femmes ? Notre monde, si imparfait soit-il, pourrait donc engendrer un couple d'ogres mû par la seule volonté de semer le mal, de se repaître pendant de si longues années de la terreur indicible des victimes et de la détresse éternelle de leurs familles ?

Rien dans la vie passée de Fourniret et de Monique Olivier n'apporte l'esquisse d'un début de commencement d'une quelconque réponse.

Michel Fourniret est né le 4 avril 1942 à Sedan, ville où il passe son enfance. Son père est ouvrier métallurgiste ajusteur et sa mère ouvrière dans le textile. Ils se sont séparés alors que Fourniret avait 12 ans. Fourniret a décrit son père comme travailleur mais intempérant. Il avait pour lui un sentiment mêlé d'admiration et de pitié. Il a dépeint sa mère comme attentive, présente, intelligente mais peu démonstrative. Il est le benjamin d'une fratrie de trois enfants. L'aîné, André, a travaillé douze ans en qualité de cadre commercial, au Nigeria. Marié, il a eu quatre enfants. Sa sœur, Huguette, de trois ans plus âgée, est décédée en 2002 d'éthylisme et d'anorexie. Elle était mariée, sans enfants, et a travaillé en qualité de secrétaire dans plusieurs entreprises de Charleville-Mézières.

La scolarité de Fourniret s'est déroulée à Sedan et à Charleville-Mézières sans aucun problème particulier. À l'âge de 17 ans, il est entré en apprentissage et a obtenu un CAP d'ajusteur-fraiseur sur matrice. Il a travaillé dans une entreprise ardennaise puis à Sartrouville dans le département des Yvelines. Après avoir effectué son service militaire en Allemagne et en Algérie, il a travaillé à nouveau en région parisienne et dans les Ardennes, en obtenant par correspondance un CAP de dessinateur industriel. De 1976 à 1984, il s'est installé à son compte, en qualité de dessinateur indépendant. Après sa première incarcération de 1984, il a effectué divers travaux forestiers, agricoles et de jardinage. Puis, en 1989, il s'est installé comme artisan en montage hydro-électrique et s'est inscrit parallèlement auprès de la chambre des métiers de Belgique sous la rubrique « exploitant forestier », avant de créer une entreprise individuelle de rénovation. De 1999 à 2002, il a été embauché dans plusieurs entreprises ardennaises pour des activités d'affûtage et de maintenance. À partir de 2002, il a été recruté comme surveillant de cantine dans des établissements scolaires privés en Belgique.

Ses employeurs et collègues de travail l'ont présenté comme un salarié consciencieux, intelligent et adroit, qui entretenait peu de relations avec ses collègues. Prétentieux et imbu de lui-même, au point de refuser certains travaux qu'il jugeait comme n'étant pas de son niveau, il a très souvent été considéré comme phraseur et dominateur.

Au cours de son service militaire, Fourniret a fait la connaissance d'Annette Renesson, infirmière dans un hôpital de Charleville-Mézières. Mariés en 1963, ils auront un fils, Jean-Christophe, avec qui Fourniret n'a vécu que deux ans en raison de la décision de son épouse de se séparer de lui à la suite de son incarcération en 1966 pour l'agression d'une fillette à Sedan.

En 1970, il a épousé en secondes noces Nicole Clerget, artiste peintre, avec qui il a eu trois enfants, Nicolas, décédé en 1995 à la suite d'un accident du travail, Anne et Marie-Hélène, jumelles, nées en 1972. À la suite de la deuxième condamnation de Fourniret pour une série de viols et d'agressions sexuelles, elle a demandé le divorce en 1986. L'une des jumelles, Marie-Hélène, s'est suicidée en 2006.

Ses proches l'ont décrit comme intelligent, travailleur, ambitieux, mais introverti et peu communicatif. S'intéressant peu à ses enfants et distant vis-à-vis d'eux, il était autoritaire et dominateur, éprouvant un certain plaisir à les humilier.

Manipulateur et orgueilleux, il ne supportait pas la contradiction, semblant éprouver un sentiment de frustration qu'il manifestait par un souci de paraître ; il était parfois considéré comme un mégalomane.

Après ses divorces, plusieurs incidents l'ont opposé à ses ex-épouses – non-paiement de pensions alimentaires, menaces de mort et dégradations de biens.

En dépit de plusieurs condamnations pour des faits commis en 1966, de 1981 à 1984, en 1989 et en 1990, aucune mention ne figurait sur son casier judiciaire au moment de son arrestation, en raison de certaines erreurs ou omissions, ainsi que des règles légales d'effacement.

Monique Olivier est née le 31 octobre 1948 à Tours. Cadette d'une famille de quatre enfants, un de ses frères est décédé à l'âge d'un an. Ses deux autres frères, Jacques, âgé de 68 ans, et Michel, âgé de 66 ans, ont exercé la profession d'artisans peintres en bâtiment associés à leur père qui avait 92 ans à l'époque des faits. Sa mère est décédée à l'âge de 75 ans de la maladie d'Alzheimer.

Son enfance s'est déroulée sans problème particulier, dans un milieu modeste mais non carencé, hormis une insuffisance affective de la part de son père. À l'inverse, elle considérait sa mère comme gentille, attentive et très généreuse, avec des principes éducatifs classiques. Monique Olivier a précisé qu'elle entretenait très peu de relations avec son père et ses frères.

Elle a effectué sa scolarité à Nantes. Elle se considérait elle-même comme une élève moyenne. Sur l'insistance de son père, elle s'est orientée vers des cours privés de secrétariat mais a refusé de se présenter à l'examen final. À 18 ans, elle a été embauchée dans une agence immobilière de Nantes mais a été licenciée un an plus tard. Jusqu'en 1970, elle a vécu chez ses parents, en restant inactive, participant parfois à quelques chantiers archéologiques. À l'âge de 22 ans, elle a fait la connaissance d'André Michaud, âgé de 35 ans et gérant d'une auto-école proche de son domicile, dans laquelle elle est employée comme secrétaire. Puis elle a vécu maritalement avec lui pendant une dizaine d'années. De cette union sont nés deux enfants en 1980 et 1981, Murphy et William, qui étaient étudiants à Nice au moment des faits.

Sa relation avec André Michaud, bonne au début, s'est, selon les dires de Monique Olivier, dégradée en raison du comportement violent et de la jalousie de son conjoint. Après leur séparation, elle n'a pas souhaité obtenir la garde de ses enfants, selon les déclarations d'André Michaud, confirmées par d'autres témoins.

Elle a alors trouvé un emploi d'auxiliaire de vie chez une jeune femme handicapée, dans la région de Nîmes, où elle est restée pendant trois ou quatre ans. Au cours de cette période, elle a rencontré Mark W., un citoyen américain qu'elle a épousé en 1984. Elle a indiqué que c'était en réalité un mariage fictif pour que son époux puisse régulariser sa situation sur le territoire français. Le couple a divorcé quelques mois plus tard. Son mari a indiqué avoir souhaité cette séparation en raison du caractère de son épouse, qu'il considérait comme étrange et contradictoire, ainsi que de ses mensonges sur les violences d'André Michaud.

En 1985, après avoir répondu à une annonce de Fourniret alors incarcéré, elle a vu ce dernier pour la première fois lors de son procès d'assises à Évry et l'a accueilli à sa sortie de prison. Au cours de leur vie maritale, ils ont eu un enfant en 1988, Selim. Le prénom a été choisi par rapport à celui que portait un codétenu que Fourniret appréciait et qui a été assassiné. Elle s'est mariée avec Fourniret en juillet 1989.

Lors de ses résidences en Belgique avec Fourniret, Monique Olivier a exercé quelques activités temporaires de garde-malade auprès de personnes âgées. Elle a également occupé un emploi de surveillante à l'école primaire de Gedinne en Belgique, avec Fourniret.

Elle a été mise en cause dans la destruction des tableaux d'André Michaud en 1990, en compagnie de Fourniret, mais, en 2003, son casier judiciaire ne portait trace d'aucune condamnation.

Ainsi, rien dans la vie de Fourniret ou de Monique Olivier, une vie somme toute banale, sans traumatisme d'aucune sorte, ne peut être invoqué pour tenter d'expliquer les graves dérèglements sexuels de Fourniret, puis les crimes nombreux et atroces commis par le couple.

Par contre, les différentes expertises psychiatriques et psychologiques effectuées sur Fourniret, sur Monique Olivier et sur la dynamique du couple, ont été beaucoup plus éclairantes, et ont permis de cerner au plus près leurs ressorts psychiques profonds.

À la suite de son arrestation en 2003, Fourniret a fait l'objet de trois expertises psychiatriques en Belgique. Le docteur Goffaux l'a décrit comme manipulateur et quasi obsessionnel, avec une surestimation de soi. Le docteur Denys a considéré que ses traits de caractère principaux étaient l'orgueil, l'esprit de domination et l'absence d'altruisme, caractéristiques d'une personnalité antisociale. Dans le cadre d'une troisième expertise, les docteurs Goffaux, Denys et Bongaerts l'ont décrit comme « un cynique dépourvu du moindre respect de la personne humaine, ce qui se traduit par la recherche, au mépris et aux dépens de l'intégrité physique et psychique de l'autre, d'une satisfaction de ses appétits sexuels et de ses fantasmes... Sa problématique sexuelle paraît être un épiphénomène de sa personnalité, qui reste avant tout liée à une délinquance polymorphe... Il tue surtout par souci d'impunité avec, la plupart du temps, dans le geste de strangulation, un besoin supplémentaire de dominer pleinement sa victime en percevant la vie qui part ». Ces experts ont retenu le profil de tueur en série organisé, avec un rituel, une logique et un facteur obsessionnel, et ils ont précisé qu'aucune thérapie ne paraissait indiquée.

En France, Fourniret a fait l'objet de trois expertises psychologiques. Monsieur Ploye, expert et psychologue clinicien, a indiqué que Fourniret était atteint de délire mégalomaniaque. Extrêmement manipulateur, il fait partie des tueurs en série froids, très organisés, méticuleux et obsessionnels. Le qualifiant de sadique, cynique, extrêmement violent et pervers, l'expert a considéré sa pathologie criminelle comme absolue. Il a par ailleurs été convaincu que le plaisir de tuer chez Fourniret prévalait sur le mythe idéalisé de la virginité, comme il le prétendait.

Monsieur Herbelot, psychanalyste, a indiqué pour sa part que la personnalité de Fourniret était organisée sur un mode pervers et mégalomaniaque, avec une inclination sadique à l'encontre de la féminité. Il a également été convaincu que « sa quête de la virginité était une rationalisation destinée à occulter les ressorts pervers de ses passages à l'acte criminel ». En raison de son absence de culpabilité et de remords, l'intériorité et la complexité de sa structuration psychique en faisaient un sujet incurable et non réadaptable. Cet état de dangerosité ne pouvait en aucun cas diminuer avec le temps. Fourniret lui-même n'avait-il pas déclaré : « J'ai de moi l'image d'une certaine honnêteté dans ma démarche. Je ne fais pas les choses à moitié. Dans les actes que j'ai commis, j'ai l'impression d'avoir été très propre [...] Si je me regarde de l'intérieur, je suis le plus beau, le plus grand. Je légitimerai toute action au nom de la vérité qui me porte. »

Une contre-expertise a été ordonnée par les magistrats instructeurs et confiée à mesdames Prouvost et Bongrand, expertes psychologues. Elles ont considéré que « Fourniret pervertit ce qu'il approche, ce qu'il touche, avec une volonté de destruction autour de lui, de salir autour de soi pour revendiquer une idée de vérité ». Elles ont également précisé que la nécessité de se sentir tout-puissant et de dominer totalement l'autre était pour lui essentielle, ce qui témoigne de la structure perverse de sa personnalité.

Fourniret a également fait l'objet d'une expertise et d'une contre-expertise psychiatriques.

Messieurs Belveze et Dufossez, experts psychiatres, ont caractérisé sa perversité : déviant sexuel jouissant de la souffrance provoquée à autrui, mégalomane au langage manichéen et à la sociabilité de façade. C'est un tueur en série dont le discours froid et déshumanisé a été le paravent qui lui a permis de satisfaire ses pulsions de mort exceptionnellement agressives. Le cataloguant de pervers sadique, ils l'ont jugé ni curable ni réadaptable.

La contre-expertise a été effectuée par les docteurs Bocquel, Dubec et Zagury. Ces trois experts, inscrits sur la liste nationale de la Cour de cassation, ont tout d'abord indiqué que leur impression initiale avait été « tout à fait singulière car Fourniret s'est montré pompeux, sentencieux, ampoulé, contourné, grandiloquent, emphatique, pédant, prétentieux, pontifiant, pérorant, satisfait de lui, vantard... ». Ils ont conclu que les traits de caractère principaux de Fourniret étaient l'orgueil, l'hypertrophie du moi, la très haute estime de lui-même et l'absence totale d'autocritique. « Son fantasme pervers est enchâssé dans l'organisation paranoïaque de sa personnalité. Plus que la quête délirante de la virginité, c'est la jouissance perverse de sa toute-puissance sur la victime, c'est-à-dire le pouvoir de donner la mort, qui est recherchée. Il tire jouissance, non du plaisir de tuer en prolongeant l'agonie de ses victimes, mais de leur terreur et de leur humiliation. Présentant une indiscutable dimension de psychopathie, de perversion sexuelle et de perversité narcissique, ainsi qu'une angoisse de registre psychotique, son état de dangerosité a bien sûr été considéré comme extrême et définitif. » Lors de son audition à la cour d'assises, le docteur Zagury déclarera que Fourniret était « le tueur le plus abouti » qu'il ait jamais rencontré.

Toutes ces expertises sont donc parfaitement concordantes, cohérentes entre elles et ne peuvent souffrir d'interprétation. Leurs conclusions sont claires et précises.

Il en a été de même pour Monique Olivier qui a fait l'objet de trois expertises psychologiques.

Monsieur Herbelot, psychanalyste, a tout d'abord indiqué que son quotient intellectuel est de 131, ce qui la situe dans la catégorie des sujets surdoués dotés d'un niveau d'intelligence très supérieur (2,2 % de la population mondiale). Elle a saisi les premières opportunités extrafamiliales pour exister et se valoriser en tant que femme. Elle a réussi à créer un lien de dépendance entre Fourniret et elle-même en participant à la valorisation narcissique et mégalomaniaque de celui-ci. L'expert la qualifie « d'égérie » et indique : « La force et le secret de Monique Olivier est de savoir provoquer et utiliser la perversité des hommes à leur insu. » Égoïste et égocentrique, elle éprouve une certaine complaisance, voire de la fascination pour les actes de son époux, et « l'on peut penser qu'elle a trouvé en Fourniret de quoi satisfaire par procuration ses désirs ou fantasmes les plus archaïques ». Elle l'a d'ailleurs confirmé elle-même avec cette déclaration qui livre une partie de l'énigme : « Ma vie était vide et banale avant ma rencontre avec Fourniret. »

Monsieur Ploye, psychologue, a confirmé ces conclusions et a précisé qu'elle s'est révélée très éloignée d'une femme influençable, dépendante, peu performante et fébrile. N'excluant pas une problématique d'amnésie sélective, l'expert a observé « une complémentarité criminelle » avec Fourniret. Elle présente par ailleurs « une propension symptomatique et bien préoccupante à la dissimulation ».

Entendu par la cour d'assises, cet expert précisera : « Il est permis de penser qu'elle vivait les crimes de Fourniret, toutes ces vies prometteuses dont il tranchait le fil, comme autant de revanches sur son propre destin : une existence médiocre qu'elle avait tout lieu de ressentir comme un gâchis. C'est Monique Olivier qui a délivré à Fourniret son permis de tuer. Il avait des prédispositions, mais si elle ne lui avait pas armé le bras, je ne suis pas persuadé qu'il aurait commis tous ces crimes. »

Un contre-examen psychologique a été ordonné et confié à mesdames Prouvost et Bongrand, psychologues. Elles ont décrit Monique Olivier comme insensible à la souffrance d'autrui et indifférente aux autres, gardant en outre une bonne maîtrise d'elle-même. Elle souffre d'un sentiment d'infériorité surcompensé par un désir de maîtrise et de puissance, ainsi que d'un orgueil aveuglant qui lui confère tout pouvoir sur l'autre, en en premier lieu sur les victimes qu'elle accoste. « Son indifférence émotionnelle face aux victimes démontre que celles-ci ne lui servent qu'à s'affirmer en tant qu'indispensable au projet de Fourniret, comme complice, partenaire, donc égale. Dans sa relation avec les hommes, elle dispose des capacités nécessaires pour reprendre le pouvoir de façon insidieuse, excitant l'homme sous couvert de venir à son secours et de faire ce que l'autre lui demande. » Son absence de surmoi la classe dans la catégorie des pervers et elle éprouve d'ailleurs une sorte de fierté à être la complice de Fourniret. Les experts ont conclu à l'époque que sa réadaptation serait difficile, Monique Olivier n'envisageant la thérapie que sous son aspect distrayant.

Elle a également fait l'objet d'une expertise psychiatrique collégiale et d'une contre-expertise psychiatrique.

Les docteurs Dufossez et Belveze ont relevé que, si elle était désireuse d'apparaître comme une victime, elle a néanmoins joué un rôle particulièrement actif et son sentiment de culpabilité est limité. Au cours des trois rencontres avec ces deux experts, Monique Olivier « est restée distante, froide envers l'évocation des violences perverses subies par les victimes. Jamais elle n'est émue en décrivant les faits pourtant insupportables, cruels, auxquels elle a assisté. Cette attitude nous conduit à évoquer des tendances perverses masquées, non avouées ». Elle a donné l'impression « d'une adhésion complète et spontanée aux desseins de son époux, même si elle allègue maintenant une soumission et une contrainte par la peur ». Ils ont conclu à « une réadaptabilité largement compromise ».

La contre-expertise a été réalisée par les docteurs Zagury et Dubec qui ont confirmé une intelligence supérieure à la normale. Ses problèmes d'amnésie allégués peuvent apparaître comme des attitudes purement utilitaires. Ils ont noté qu'elle pouvait parfois faire preuve d'esprit retors et, le plus souvent, d'une grande habileté relationnelle. Elle ne manifeste aucune émotivité ni anxiété apparente et, à aucun moment, elle n'a paru s'impliquer dans un examen de conscience. « Elle ne serait à l'initiative d'aucun crime, mais aucun crime ne la dérangeait. » En évoquant le crime commis sur Isabelle Laville, les experts ont précisé que « malgré le ton monotone qu'elle a adopté et sa position de contrainte supposée, on ne peut pas concevoir sa participation telle qu'elle la décrit sans considérer qu'elle y a pris un plaisir ou une jouissance au moment de la réalisation de tels actes ». Ils envisagent l'hypothèse « d'une perversion active par délégation, dans laquelle Fourniret serait en fait devenu l'instrument et le phallus de Monique Olivier. Dans ce cas, son plaisir viendrait directement des souffrances infligées aux victimes, elle s'identifiant à l'agresseur ». Une évidence est apparue incontournable pour les experts : « Elle a tiré le plus grand bénéfice personnel, pendant plusieurs années, de son quotidien avec Fourniret, sur tous les plans – matériels, relationnels et fantasmatiques… Le fait que les viols en série, au moins, et les meurtres consécutifs, peut-être, faisaient partie intégrante du couple et des bénéfices qu'elle en tirait. »

Les juges d'instruction cosaisis, Anne Devigne et Pascal Préaubert, ont eu l'idée nouvelle et fort judicieuse d'ordonner également des examens psychologiques et psychiatriques sur la dynamique du couple Fourniret-Olivier. Les conclusions ont été particulièrement intéressantes.

Ainsi, le psychologue, monsieur Ploye, a considéré que Monique Olivier n'a pas été soumise à Fourniret mais, à l'inverse, a alimenté et facilité son fonctionnement pervers. Monique Olivier a trouvé dans cette rencontre un moteur à ses propres fantasmes. Il s'agit, selon l'expert, d'une complicité criminelle organisée et intentionnelle. Dans cette relation de couple, Fourniret fonctionne comme aveuglé et dépendant de sa soif de toute-puissance criminelle. Son impunité est en fait assurée par Monique Olivier « qui, d'ailleurs, lorsqu'elle le dénonce, redistribue les cartes au sein du couple et vient sur le devant de la scène ». L'expert a également indiqué que « si Fourniret est le baril de poudre, sa femme, c'est la mèche. Elle lui a donné son permis de tuer. Sans elle, il n'y a pas de meurtre ».

Fourniret l'avait d'ailleurs reconnu, dans un rare moment de lucidité ou d'honnêteté : « Grâce à elle, j'ai pu aller jusqu'au bout. »

Monsieur Herbelot a pour sa part précisé que, « compte tenu à la fois de la personnalité perverse organisée sur un mode sadique et empreinte d'inclination mégalomaniaque de Fourniret, et de celle de Monique Olivier, sujet essentiellement centré sur elle-même, doté d'un faible niveau de conscience morale et d'une grande aptitude à la duplicité, l'emprise entre l'un et l'autre était quasi totale et réciproque par l'aliénation de chacun dans le fantasme de l'autre. Le couple constituait une équipée meurtrière animée par une sorte de délire à deux ». L'expert a considéré que Monique Olivier a facilité, voire encouragé les passages à l'acte criminels de son époux, par son silence mais aussi par l'excitation que sa position passive provoquait chez lui. Enfin, il n'exclut pas que le silence de Monique Olivier quant aux autres victimes non identifiées s'explique « par le pacte qu'elle a signé depuis longtemps avec Fourniret et à l'occasion duquel elle aurait pu commettre des actes beaucoup plus graves que ceux qu'elle veut bien reconnaître avoir commis ».

Un contre-examen sur ce point, effectué par mesdames Prouvost et Bongrand, a confirmé cette emprise réciproque, « chacun ayant eu besoin de l'autre pour alimenter ses fantasmes, se sentir exister et utilisant l'autre comme un faire-valoir, confortant ainsi leur personnalité narcissique et perverse ».

Concernant les expertises psychiatriques réalisées sur la dynamique du couple, les docteurs Duffossez et Belveze ont parfaitement confirmé que, si Fourniret a eu de l'emprise sur Monique Olivier, celle-ci a été une actrice lucide des scénarios imaginés pour enlever les futures victimes et a facilité la réalisation des faits de manière active. « Déclarer comme elle le fait être sous l'emprise despotique du conjoint est aussi un paravent qui cache une tendance perverse masquée. »

Sur ce point, une contre-expertise a également été ordonnée. Les docteurs Dubec et Zagury ont précisé que, si la collaboration de Monique Olivier n'a été qu'un rapport utilitaire pour Fourniret, compte tenu de sa perversion narcissique, la participation active de son épouse a néanmoins créé un degré de perversion supplémentaire. Pour Monique Olivier également, sous prétexte d'obéissance, il y avait le plaisir d'être à la fois dominée et dominante sur les jeunes victimes. Elle a été un facteur favorisant et déclenchant. « Dans l'interaction entre les deux partenaires, l'un et l'autre étaient tour à tour instrument et instrumentiste. » Les experts parlent d'« une véritable coaptation des inconscients, un engrenage si intime et si parfait qu'il devient constitutif d'une nouvelle entité tierce : le couple agissant. Tout se passe comme si un nouveau sujet était créé. Deux psychismes qui s'engrènent pour conduire à l'action criminelle. »

C'est ainsi que, par une terrible coïncidence, si improbable et inimaginable soit-elle, un couple assassin, le plus effroyable de l'histoire judiciaire de notre pays, s'est rencontré et uni au point de ne constituer qu'un seul être psychique monstrueux.

Un destin mortifère a réuni ces deux êtres pour le plus grand malheur de tant de jeunes filles.

15

Le procès

À juste titre, le ministère de la Justice a souhaité regrouper le jugement des différents crimes commis par le couple en un seul lieu, afin d'éviter la répétition de procès multiples, à l'instar de ceux de Francis Heaulme renvoyés devant plusieurs cours d'assises, selon leur compétence géographique déterminée par le lieu des faits.

Il a fallu ensuite attendre la décision des autorités de Bruxelles quant à la possibilité de regrouper en France les quatre procédures pour lesquelles la justice belge était compétente. Après réflexion, la Belgique en a accepté le principe, ce qui était, je crois, inédit.

Parmi les tribunaux français pouvant être compétents, le choix devait s'opérer entre Charleville-Mézières, Nantes et Auxerre. Le tribunal de Paris a également été envisagé. À la suite de plusieurs réunions à la DACG, auxquelles ont participé notamment les procureurs compétents, le choix de Charleville-Mézières a été arrêté. Tribunal départemental de taille moyenne, il présentait l'inconvénient d'être sous-dimensionné pour un procès qui promettait d'être très médiatisé. En revanche, il était central pour tous les intervenants, en premier lieu pour les nombreuses parties civiles.

Le choix du lieu du procès à Charleville-Mézières a fait lui aussi l'objet d'une réflexion : le tribunal de grande instance, peu adapté, ou un espace plus important, par exemple le Parc des expositions, symboliquement peu opportun. Finalement, l'enceinte judiciaire a été préférée, et la décision a été prise de procéder à des travaux importants : création d'un chapiteau de plus de 200 places sur le parvis extérieur, installation d'un circuit de visioconférence, de salles de presse et d'un box sécurisé pour les accusés. De même, le mobilier de la salle d'audience a été totalement remplacé : mise en place d'un système audio, vidéo et informatique, rénovation et agencement de salles pour les parties civiles, les jurés, les avocats, les témoins et les services de sécurité, signalétique et sécurisation spécifiques, aménagement de parkings destinés à la presse, aux magistrats, jurés, avocats, parties civiles, experts ainsi qu'au public...

Il a fallu également organiser un dispositif particulier d'accueil et de soutien médical et psychologique des parties civiles. De surcroît, la maison d'arrêt de Charleville-Mézières, de petite capacité, a dû être réaménagée entièrement pour permettre l'incarcération, pendant le temps du procès, des deux accusés.

Budget total : 1,9 million d'euros. Un coût certes important, mais ces travaux, pour une large part, seront pérennes et profiteront donc pour des années à la juridiction. Une dépense parfaitement justifiée, comme l'a expliqué la garde des Sceaux, Rachida Dati, lors de sa visite au tribunal, une semaine avant l'ouverture du procès.

Nous étions conscients que nous avions une obligation de résultats, en termes de rapidité, de régularité procédurale, d'organisation, de soutien et d'attention portés aux parties civiles... Et nous avons tous, je le crois, réussi cette gageure d'instruire de multiples faits criminels commis en France et à l'étranger. Deux années d'instruction seulement, à compter de l'extradition du couple Fourniret. Deux années au cours desquelles les juges d'instruction cosaisis, Anne Devigne et Pascal Préaubert, n'ont pas ménagé leur peine, en multipliant interrogatoires, confrontations, reconstitutions, auditions, expertises et actes divers.

Dès la décision, en 2006, de tenir ce procès à Charleville-Mézières, le président du tribunal, Rémi Le Hors, le directeur de greffe, Michel Gentilini, et moi-même mettons en place des groupes de travail en sollicitant la participation volontaire de l'ensemble du personnel de la juridiction. Sous l'autorité intelligente et l'efficacité de Michel Gentilini, tous ont répondu favorablement, convaincus de l'importance de l'enjeu, et ont apporté la conscience professionnelle et le sérieux qui caractérisent l'esprit ardennais. Nous avons tenté de ne rien omettre en constituant de multiples groupes de travail :

— sur l'organisation des flux, des cheminements et de la signalétique qui devaient être distincts entre les magistrats, jurés et auxiliaires de justice, les parties civiles, les accusés, les témoins et experts, le public ;

— sur le stationnement et les parkings dédiés, ainsi que la sécurisation des sites et des abords ;

— sur les parties civiles avec un bus dédié pour assurer la tranquillité de leurs déplacements entre leur hôtel commun et la cour d'assises, et un espace de vie à l'intérieur du bâtiment qui leur sera réservé exclusivement, ainsi qu'à leurs accompagnants, et les associations d'aide aux victimes missionnées pour l'occasion, Forhom et Mars ;

— sur la mise en place d'un dispositif de soutien médical et psychologique pour les jurés, les magistrats et le public ;

— sur l'organisation des salles de presse écrite, télévisuelle et radiophonique, les accréditations et la communication ;

— sur l'accueil du public et la circulation dans l'espace public ;

— sur le lieu du délibéré et le moyen de transport des jurés ;

— enfin, sur la continuité de l'activité juridictionnelle normale de la juridiction.

J'ai souhaité pour ma part participer à l'ensemble des travaux de ces groupes, à chaque fois que cela m'était possible.

Charleville-Mézières en état de siège

La presse avait surnommé la ville de Charleville-Mézières, de manière grandiloquente, « capitale judiciaire européenne ». C'était une pression supplémentaire qui pesait sur nous et qui peu à peu se ressentait.

Avec l'aide et le soutien de nombreux acteurs – la préfecture, le conseil général, la mairie, les services de police et de gendarmerie, les services pénitentiaires et militaires de la Région –, le travail a été considérable et, de l'avis unanime, le résultat très satisfaisant. Aucune fausse note pendant ces huit longues semaines de procès à Charleville-Mézières. La tâche fut souvent rude et a nécessité parfois un sens de la diplomatie qui ne m'est pas, je l'avoue, une inclination naturelle.

Ainsi, quelques semaines avant l'ouverture du procès, je rencontre pour la première fois le président de l'association de la presse judiciaire, par ailleurs chroniqueur judiciaire du *Figaro*, Stéphane Durand-Souffland. Une réunion est prévue dans la salle principale d'audience, en présence du président du tribunal, du directeur de greffe et de membres du groupe de travail presse. À mon arrivée, tous sont déjà présents et, lorsque je tends la main à monsieur Durand-Souffland pour le saluer, je vois un visage fermé et peu avenant. Sont-ce mes quelques minutes de retard qui l'ont offusqué ? Je ne l'imagine pas… Au cours de cet entretien, le président de la presse judiciaire fait part de demandes multiples pour lui et ses collègues, qu'il formule sur un ton que j'ai considéré comme fort peu sympathique. À mon sens, cela ressemble plus à des exigences qu'à des demandes. Le président lui indique que, bien sûr, le maximum sera fait pour créer les conditions de travail les plus adaptées aux nécessités et contraintes de leur mission d'information quotidienne pendant ces huit semaines. Je crois bon de préciser néanmoins que, si tous les détails inclus dans ses demandes ne peuvent vraisemblablement pas être respectés à la lettre en raison de nos contraintes immobilières ou budgétaires, nous agirons en concertation étroite avec lui et ses collègues pour éviter tout impair. Il me dévisage d'un air froid et condescendant. Peut-être s'interroge-t-il sur ma compétence pour juger de l'opportunité de ses demandes, lui le représentant de toute la presse ? Pour éviter tout incident, j'aurais certainement dû éluder la question et lui conseiller de s'adresser au magistrat du parquet général chargé de la communication. Mais je poursuis d'un ton certainement peu amène que nous allons certes y réfléchir mais que, *in fine*, la décision nous appartiendra. Cette réponse lui déplaît et ne facilitera pas nos relations futures.

Au terme de ces deux mois d'audience, l'ensemble des journalistes, tous médias confondus, n'ont formulé aucun reproche et ont indiqué avoir travaillé dans d'excellentes conditions.

Les travaux débutent sans retard. Le palais de justice de Charleville-Mézières est un bâtiment rectangulaire de style années 1960, lumineux, dépouillé et ouvert sur l'extérieur par une vaste esplanade composée de grandes dalles grises. Une immense tente blanche y est érigée, qui devra accueillir 200 places pour le public qui assistera aux débats sur des écrans géants, outre des box presse adaptés, isolés phonétiquement et aménagés en ordinateurs, cabines téléphoniques, mobilier. Le parking presse est prévu, qui permettra aux voitures et camions des différents médias de bénéficier d'un emplacement proche et fonctionnel. Les deux salles d'audience intérieures font l'objet de travaux importants de rénovation, sonorisation, éclairage, remplacement du mobilier… Elles auront une capacité respective de 120 et 80 places. Pour les jurés, un bus est prévu afin de les acheminer ensemble et leur éviter les désagréments de la cohue publique et médiatique prévisible. Le lieu du délibéré est décidé, une caserne mise à leur disposition par la 23e compagnie de CRS. Les magistrats de la cour d'assises et les jurés y séjourneront pendant quarante-huit heures pour délibérer.

Deux décisions de la Cour de cassation étaient par ailleurs attendues, l'une sur le regroupement éventuel des procédures relatives aux meurtres de Marie-Angèle Domece et Joanna Parrish, et l'autre sur une éventuelle prescription de certains faits. Ces deux incertitudes levées, plus rien ne s'oppose à la tenue de ce procès hors normes.

Huit semaines de débats

Le procès est programmé du 27 mars au 28 mai 2008. Le calendrier sera respecté. Les deux jours précédant l'ouverture sont consacrés à la formation des jurés titulaires et suppléants, à la révision de la liste des jurés et à l'accueil des familles des victimes. Celles-ci sont arrivées la veille afin de pouvoir se familiariser avec les lieux, le cheminement, leur pièce de vie située au sous-sol du tribunal et de s'entretenir avec la cellule psychologique, le président de la cour d'assises et moi-même. À la descente du bus, elles sollicitent des policiers une mise à distance du public et des médias. La plupart des familles adopteront cette attitude tout au long du procès. Tous les jours, à leur arrivée, elles se réfugient dans leur sanctuaire, au sous-sol du tribunal. Leur base de vie, interdite aux journalistes. Dans ces trois bureaux aménagés en lieu de repos, une fonctionnaire a prêté une petite fontaine à eau électrique. Des fruits, des biscuits, une machine à café sont à leur disposition. Sur une table sont posés un grand vase de sept roses blanches, renouvelées chaque jour, et un sous-verre en forme de cœur composé de fleurs blanches entourées des prénoms des sept victimes assassinées.

Outre les deux associations d'aide aux victimes, deux psychologues restent à leur disposition. La coordination de ce dispositif sera assurée par le dévoué Jean-Pierre Durin.

Depuis le premier jour, les familles ont vécu leur calvaire en commun sans jamais faillir à leur pacte de solidarité. Toutes ces familles, dont chaque détresse est singulière, partagent la douleur de toutes les autres et, le temps du procès, ne forment plus qu'une seule famille. Le plus bel hommage qu'elles puissent rendre à leurs enfants martyrisés.

Le jeudi 27 mars, le public se masse sur le trajet entre la maison d'arrêt et le palais de justice. Celui-ci semble en état de siège. Plus de 450 journalistes et techniciens, ainsi qu'un public considérable, ont envahi l'esplanade. Le magistrat du parquet général en charge de la communication, Christophe Aubertin, est débordé face à l'afflux des demandes de cartes d'accréditation, des questions multiples auxquelles il doit répondre et des petits problèmes pratiques à résoudre dans l'urgence. Efficace et diplomate, il sera d'une aide précieuse tout au long de ces neuf semaines d'audience.

Les caméras et les appareils photographiques tournent et crépitent de tous côtés. À chacune de mes arrivées en voiture sur le parking du tribunal, le matin et l'après-midi, je suis entouré par une horde de journalistes qui ne cessent de me mitrailler. Une jeune photographe monte en équilibre instable sur ma voiture afin de prendre des clichés. Elle répétera cette opération à plusieurs reprises. Je n'ai jamais compris l'intérêt de me photographier aussi souvent.

***

Le 27 mars, Monique Olivier s'installe la première dans le box, car elle a accepté d'être photographiée et filmée pendant quelques minutes par la presse. Fourniret, lui, a refusé. Il fera néanmoins l'objet d'une photographie prise illégalement et reproduite par l'hebdomadaire *Paris Match*, ce qui vaudra à sa journaliste un retrait temporaire d'accréditation, décision prise à juste titre par le parquet général.

Je suis surpris par la métamorphose physique de Monique Olivier. Maquillée, amincie, elle a coupé court ses cheveux désormais gris. Vêtue sobrement, elle ne ressemble plus à cette image de sorcière aux longs cheveux noirs qui lui masquaient souvent le visage. Impassible, elle regarde la salle, sans aucune émotion apparente.

Puis Fourniret entre à son tour dans la salle, escorté, et prend place dans le box, sans un regard pour son épouse. Il me paraît plus petit encore, sa tenue semble un peu négligée avec ses cheveux en bataille, sa barbe mal taillée, son pull-over d'un bleu électrique. Il est manifestement de mauvaise humeur. Sans doute parce que ses exigences n'ont pas été satisfaites, comme l'attestation que chaque juré devait remplir pour certifier qu'il ou elle était vierge le jour de leur mariage, sous peine de récusation de sa part.

Il avait en effet fait parvenir au président un formulaire que chaque juré devait préalablement remplir. Intitulé « Affirmation sur l'honneur ». Chaque juré était ainsi « invité instamment par Michel Fourniret, en sa qualité excipée de coupable, à alléguer que je satisfais à son critère unique de non-récusation... », en cochant une case ainsi rédigée par Fourniret : « Je suis, de même que le coupable, arrivé(e) vierge sur les marches de la mairie ou resté(e) vierge jusqu'à la rencontre de la personne devenue ma compagne ou mon compagnon de vie... » Une provocation de Fourniret aussi stupide que ridicule.

Lorsque le président lui demande de décliner son identité, il reste muet et plaque contre la vitre du box une feuille de papier sur laquelle il a inscrit en lettres capitales : « SANS HUIS CLOS, BOUCHE COUSUE. » Dans un texte remis ensuite au président,

Fourniret écrit : « La présence d'une assistance composée de X fois plus de curieux et de désœuvrés de toute qualité que de personnes concernées muselle inévitablement le coupable que je suis, c'est-à-dire un être mauvais et dénué de tout sentiment humain. »

Le lendemain, vendredi 28 mars, Fourniret refuse d'être extrait et doit être conduit de force dans son box, comme la loi le prévoit. Plus violent à l'encontre de jeunes filles que face aux membres du GIGN, il n'a bien sûr opposé aucune résistance.

Quelques mois avant le procès, un nouveau procureur général, Éric Enquebecq, a été nommé à la cour d'appel de Reims. Dès le début de sa prise de fonction, une relation de confiance totale et d'estime réciproque s'est nouée entre nous. Sur son initiative et en plein accord avec lui, il a été décidé que je prendrai la parole au début de l'audience pour tenter fermement de ramener Fourniret à la raison et de faire preuve d'humanité face à la dignité des familles des victimes.

Le lendemain, cette intervention me vaut un article du chroniqueur judiciaire du *Figaro*, monsieur Durand-Souffland :

« Deux magistrats ont tenté de le faire fléchir [Michel Fourniret]. Première offensive : celle de l'avocat général. Francis Nachbar présente un physique débonnaire, mais il charge à l'ancienne, façon cuirassiers de Reichshoffen. "Le ministère public requerra la présence constante de Michel Fourniret", tonne Francis Nachbar. S'adressant directement au forestier ardennais : "Depuis quatre ans, Fourniret, vous ne décidez plus de rien ! Vous n'avez aucune condition à poser, à personne ! Vous ne manipulez plus personne ! Le représentant de la société ne permettra pas que nous soyons soumis à vos caprices, à vos humeurs." (Tourné vers l'auditoire). "Il y a dans cette salle des familles de victimes d'une très grande dignité, qui vont faire face à l'horreur pendant dix semaines. Elles supporteront d'autant mieux la publicité des débats que Fourniret la refuse par lâcheté."

(À l'accusé). "Arrêtez cette indécence insupportable. Arrêtez une fois pour toutes vos pitreries grotesques !" Fin d'après-midi, le président demande à Fourniret sa position quant aux faits qui lui sont reprochés. Gilles Latapie se situe, dans son approche, à l'opposé du belliqueux avocat général. À la canonnade, il préfère l'échange constructif. »

Fourniret maintient néanmoins sa position et revendique une nouvelle fois un huis clos. Le président déclare l'audience suspendue jusqu'au lundi suivant et souhaite un excellent week-end à Fourniret, expression curieuse qui a semblé badine, ce qui lui sera vivement reproché.

Lorsque je croise à nouveau ce chroniqueur judiciaire dans la salle des pas perdus, j'engage la conversation avec lui, en dépit de son regard peu avenant. Après avoir pris la précaution de lui indiquer que je respecte trop la presse pour envisager d'exercer d'une manière ou d'une autre une quelconque tentative de censure, je lui fais néanmoins part de mon étonnement quant à l'usage de l'adjectif « belliqueux » pour me qualifier. Et je commets l'imprudence certainement folle de lui préciser que belliqueux signifie « qui aime et recherche la guerre, qui aime le combat, la dispute... ». Je le vois blêmir et je l'entends me rétorquer qu'il connaît certainement mieux que moi la signification des mots puisqu'il écrit tous les jours dans l'un des plus grands quotidiens nationaux, que cet adjectif est parfaitement adapté à mon comportement et qu'il ne supportera pas plus longtemps cette ingérence dans son métier. Et sans autre formalité, il tourne les talons. J'ai alors conscience d'avoir commis un crime de lèse-majesté dont je subirai les conséquences éditoriales dans les jours à venir, ce qui m'indiffère d'ailleurs totalement.

La suite a montré que je ne m'étais pas trompé. J'ai été conforté dans ce sentiment par un certain nombre de mes collègues avocats généraux qui avaient également eu à subir les foudres de monsieur Durand-Souffland. Il lui était, semble-t-il, coutumier d'éreinter à longueur d'articles les représentants du ministère public en cour d'assises. Réalité ou légende ? Pour ce qui me concerne, je peux l'attester.

Le tirage au sort des jurés a lieu : neuf jurés titulaires et six jurés suppléants, en raison de la longueur du procès et de la difficulté de la tâche. Ils sont agriculteur, fonctionnaire, éducatrice à la retraite, formateur, ouvrier, réceptionniste, chômeur, animatrice... Quinze jurés confrontés à un procès terrible qui les marquera peut-être à vie. Quinze jurés qui vont, dès le début de l'audience, prendre de plein fouet la lecture des cent onze pages de l'ordonnance de mise en accusation, un résumé de l'instruction judiciaire qui reprend tous les faits en détail sans en occulter l'horreur, sept homicides et trois agressions, tentatives de viol, enlèvements. Plongés dans une réalité qu'ils ne soupçonnaient pas, ils s'acquitteront de leur mission avec un sens du devoir remarquable, conscients dès le premier jour de leur responsabilité éminente. À peine pourra-t-on apercevoir parfois une larme poindre ou un visage blêmir lors de l'évocation de faits, de paroles ou de comportements insupportables de la part des accusés.

Les familles des victimes sont toutes regroupées sur les premiers bancs de la salle d'audience principale, à quelques mètres de leurs bourreaux. Elles sont soutenues par les associations parties civiles, l'APEV (Aide aux parents d'enfants victimes) et la fédération La voix de l'enfant. Unies dès le premier jour, les familles ont scellé un pacte de solidarité en réponse au pacte criminel des époux assassins. En dépit de ses efforts, Fourniret n'a jamais réussi à mettre à mal ce pacte ni à les désunir. Avant l'ouverture des débats, je les regarde. Elles sont anéanties mais d'une remarquable dignité. Pendant ces deux mois, jamais elles ne se départiront de cette attitude, la plus belle réponse à apporter aux tortionnaires. Une grandeur d'âme peu commune que je ne cesserai d'admirer.

Fourniret a perdu son premier combat. Le huis clos n'est pas ordonné. Aucune partie civile ne le demandera. Réponse cinglante à ses exigences et ses délires. Les débats publics peuvent débuter. Ils seront toujours très éprouvants, parfois insoutenables. Avec des moments d'intense émotion.

Marie-Ascension comparaît et force l'admiration de tous. Originaires du Burundi, ses parents sont des réfugiés politiques qui ont connu l'horreur de la guerre civile. Défiant Fourniret du regard, d'une fermeté et d'une simplicité désarmantes, elle explique comment, si frêle et fragile, elle a combattu et vaincu Fourniret, mettant fin définitivement à son périple sanglant de dix-sept années. Quelques instants avant sa comparution, elle envisageait de solliciter un huis clos pour préserver son intimité. Elle en a parlé avec les autres familles qui l'ont convaincue de n'en rien faire pour ne pas donner satisfaction à Fourniret. Elle a alors fait bloc avec elles et fait preuve de solidarité avec ses frères et sœurs de douleur.

Dans sa plaidoirie, son avocat, maître Réginald de Béco, parlera très justement de « la souffrance des rescapées qui reste méconnue. Une souffrance qui se fait discrète. Presque honteuse ».

Sa consœur, maître Isabelle de Moffarts, lira quant à elle une lettre que Marie-Ascension adresse à Fourniret. Maître de Moffarts est d'autant plus émue qu'elle a découvert cette lettre peu de temps avant, intégralement écrite par cette jeune fille :

Une lettre poignante dans laquelle son auteur remercie les familles de victimes de l'avoir accueillie comme l'une des leurs et dans laquelle elle supplie Fourniret de dire si il a arraché d'autres enfants à la vie. Cette lettre a discrètement fait couler bien des larmes. Un instant d'humanité donné à tous par cette jeune fille, si belle dans sa spiritualité et sa sagesse.

Dans un procès d'assises, les parents des victimes peuvent témoigner et s'exprimer.

Pendant l'évocation de ces faits, les familles ont été autorisées par le président à projeter des photographies personnelles de leurs enfants. Elles ont entendu à nouveau les détails horribles des enlèvements, des viols et des meurtres. À la barre, au moment d'évoquer la mémoire de leur fille, leur douleur extrême est palpable.

Jean-Pierre Laville, le père d'Isabelle, comparaît, et le beau visage enfantin de sa fille s'inscrit sur le grand écran de la salle. Il parle d'elle, avec des mots simples, et toute la salle est figée dans un silence total. Puis il s'adresse à Fourniret : « Lors de la reconstitution, vous m'avez dit que vous n'aviez pas fait de mal à ma fille… Les familles sont là, elles attendent vos réponses. Il ne nous reste que ça. La parole est à vous. » Monsieur Laville n'obtiendra rien de Fourniret, hormis la réponse cruelle qu'il lui appartient de demander le huis clos pour obtenir sa parole, ce que Jean-Pierre Laville lui refuse fermement. Il sait que ce n'est qu'un prétexte inutile. Il a en outre connu les quelques heures où Fourniret est revenu sur sa décision de se taire et a accepté de répondre aux questions qui lui étaient posées. Il se souvient de l'ignoble propos de Fourniret qui a contesté tout repérage préalable de l'enlèvement de sa fille : « Je partais comme un braconnier qui part sans savoir s'il va ramener un faisan, un garenne ou rien du tout. » Il sait que le mutisme de Fourniret est bien plus supportable que les paroles odieuses dont il se délecte.

Sandra, la sœur aînée d'Isabelle, évoque sobrement, avec des sanglots dans la voix, « cette amie et confidente de toujours » dont l'absence est une peine insupportable.

Marie-Jeanne, la mère d'Isabelle, dénonce, comme son mari auparavant, l'incurie de la justice dans les semaines et les mois qui ont suivi la disparition d'Isabelle. « Pour nous, c'était tuer notre fille une deuxième fois. » Puis elle s'adresse à Fourniret : « Vous êtes un homme petit, pas par la taille, mais par le caractère. C'est parce que vous n'avez pas supporté votre petitesse que vous vous en êtes pris à des jeunes filles, des enfants, des mineures. Ce mythe de la virginité, ça ne tient pas la route, c'est une excuse, comme votre demande de huis clos. Vous êtes lâche, pitoyable, laid de l'intérieur, vous n'êtes rien pour moi. Je n'ai que du mépris pour vous. »

Dans sa plaidoirie, leur avocat, maître Alain Behr, suscitera une émotion intense en livrant un récit fictif intimiste d'Isabelle : « Je m'appelle Isabelle, j'avais 17 ans ce 11 décembre 1987. J'étais heureuse de sortir de l'école parce que nous préparions les fêtes de Noël. J'avais déjà acheté quelques cadeaux. Pour la première fois, mon père allait prendre une semaine de vacances. J'étais fière de mes petites bottines blanches. Celles que l'on retrouvera dix-neuf ans plus tard dans le puits où ils allaient me jeter... » Pour tous, dans l'assistance, parmi les jurés, les larmes peinent à être contenues.

Monsieur et madame Leroy ont choisi de comparaître ensemble, avec l'accord du président. Ils se tiennent par la main, une infinie tristesse dans les yeux. Je dissimule mon émotion car cette image est forte. Unis dans la vie et dans la pire douleur qui soit, la perte de leur enfant. Ils racontent leur fille à deux voix.

« Nos filles jumelles sont nées à Abidjan et, en Côte d'Ivoire, les jumeaux sont synonymes de bonheur. Il y avait un défilé incessant pour les voir, les caresser. On a eu de bonnes années, elles jouaient toujours ensemble. Elles étaient inséparables. Lors de leur premier voyage en avion vers la France, elles ont voyagé tête-bêche dans un porte-bébé. Elles parlaient entre elles un charabia que personne ne comprenait et elles éclataient alors de rire.

Comment imaginer qu'une femme enceinte puisse servir d'appât pour enlever une jeune fille. Tous les parents apprennent à leurs enfants à se méfier. Mais à se méfier d'un homme seul. Un couple, à plus forte raison quand la femme attend un bébé, qui refuserait de l'aider ? Nous n'avions pas prévu qu'elle croiserait ce couple maudit. Fourniret n'a aucune qualité de cœur. Pour lui, le cœur est une cible qu'il faut atteindre ou un organe qu'il faut arrêter. Pour nous, ce ne sont plus vraiment des êtres humains… »

Colette Leroy se tourne vers Monique Olivier : « Quand ça s'est passé, vous étiez enceinte de huit mois. Votre enfant bougeait en vous. Vous n'aviez pas honte d'agir comme ça. Vous n'êtes pas digne d'être mère. J'ai honte pour vous. Fabienne me manque, je pense à elle tous les jours. »

Jean-Pierre Leroy lève les yeux vers le portrait de Fabienne sur le grand écran, un visage intelligent, doux, souriant, une fleur dans les cheveux : « Nous avons cette photo dans notre chambre. Nous la regardons, elle nous regarde. Je l'ai prise à Agadir. C'est moi qui avais mis, dans ses cheveux, une fleur de bougainvillier. »

Valérie, la sœur jumelle de Fabienne, en sanglots, s'adresse à Monique Olivier : « Je trouve inadmissible d'avoir un bébé dans le ventre et d'être complice d'un meurtre. Avoir un bébé dans le ventre et donner la mort, c'est ignoble. »

Sylvain, le frère cadet, ne réussit pas à contenir ses larmes. « On s'amusait, on dansait tous les trois, ensemble. Quand j'ai des moments difficiles, je pense à elle. J'avais 16 ans lorsqu'elle a disparu. »

Henri Desramault, le père de Jeanne-Marie, 47 ans, s'avance à son tour à la barre. Sa nièce, madame Bouckaert, pousse son fauteuil roulant. Le vieil homme, au crépuscule de sa vie, a mobilisé ses dernières forces pour être présent au procès des assassins de sa fille unique qu'il pleure depuis dix-neuf ans. Son épouse est décédée quatre ans après la disparition de Jeanne-Marie, morte de chagrin, il en est convaincu.

À son arrivée, le premier jour, il a salué les magistrats et les jurés d'un geste ample du bras, confiant dans la justice de son pays. Avec un large sourire et une tristesse infinie dans le regard.

Aujourd'hui, il semble encore plus voûté, écrasé de douleur face au grand portrait de Jeanne-Marie qui lui sourit. Il tient à la main une rose blanche. Il veut parler mais l'émotion est trop grande, il éclate en sanglots, de longs sanglots qui déchirent le cœur. Il serre dans sa main sa casquette à carreaux. Il tente de se reprendre. Il trouve la force de regarder dans les yeux le couple Fourniret et leur dit : « Que la justice vous punisse. » Puis quelques mots inaudibles et il baisse la tête, vaincu par l'horrible douleur. Un gémissement sourd, une plainte insoutenable qui sort du plus profond de lui. C'est fini. Il regagne sa place avec sa nièce en pleurs. Définitivement terrassé par le chagrin.

Son avocat, maître Didier Seban, a tenté tout au long de ces huit semaines de provoquer Fourniret pour l'énerver et obtenir d'autres aveux. Percutant et agressif à bon escient, il s'est très souvent heurté à un mur de froideur et de perversité. Lors de sa plaidoirie, il décrira « le marché criminel des Fourniret, l'alliance d'un pauvre type et d'une paumée. Ce qui les réunit tous les deux, c'est la haine des femmes. Vous êtes deux tueurs en série qui ne font qu'un parce que seuls, vous n'en étiez pas capables ». Et quand il citera le poème d'Arthur Rimbaud « Les mains de Jeanne-Marie », les épaules de monsieur Desramault s'affaisseront encore un peu plus.

Marie-Noëlle Bouzet, la mère d'Élisabeth Brichet, à la personnalité affirmée, est intervenue au cours des débats et a vertement apostrophé les accusés. À Fourniret : « Montrez-moi vos mains, celles qui ont étranglé mon enfant. Vous êtes un pitoyable bouffon. » À Monique Olivier, qui reste impassible, froide, elle hurle : « Ma fille avait 12 ans et elle vous a suppliée, vous l'avez lavée et vous la lui avez offerte, à cet imbécile malfaisant. C'est vous le monstre. »

Au moment d'évoquer la si courte vie de sa petite fille, elle ne peut contenir son émotion et ses larmes. Elle lit quelques lignes : « J'ai quelques minutes pour parler de toi, ma puce. Encore un dernier effort et on te laissera reposer en paix. Je t'aime. Tu t'es très bien défendue, ma puce. » Puis elle dresse un réquisitoire contre le système judiciaire qu'elle conclut par ces mots si justes : « Je voudrais que les souffrances de toutes ces jeunes filles servent à améliorer votre justice. Des prédateurs, il y en a d'autres qui se pressent à la porte. Ils continuent à violer nos enfants. Les enfants sont leurs trésors de guerre. Ils se nourrissent de leurs meurtres et de leurs viols. Nous, les victimes, on ne réclame pas le pouvoir, ni même la vengeance. On veut simplement exister. »

Le père d'Élisabeth, Francis Brichet, artiste peintre, lit à son tour un texte très émouvant. « C'est son allure que je retrouve en contemplant les vagues, son rire clair que j'entends dans le chant d'un oiseau. Enfant de joie et de lumière, elle aura éternellement 12 ans. » Puis il compare Fourniret au Minotaure, cette créature de la mythologique grecque mi-homme mi-taureau : « Il y a des légendes qui deviennent réalité. Le Minotaure, ce monstre mythologique qui se nourrit de vierges… Hélas, des légendes deviennent réalité quand des monstres prennent forme humaine. Le Sautou était son antre… Une mère préparait ses victimes pour le festin du monstre à forme humaine. » Et il s'inspire d'un poème de Jacques Prévert pour décrire le sort qu'il réserve au Minotaure et à son épouse : « Je choisirai mes plus beaux pinceaux pour dessiner, un à un, les barreaux qui priveront définitivement de liberté ces prédateurs d'enfants. »

Leur avocat, maître Paul Lombard, parlera dans sa plaidoirie du « couple assassin ». À Fourniret : « Vous aviez dit que vous gardiez le souvenir d'une jolie petite danseuse. Une ballerine que vous avez transformée en loque humaine, c'est votre expression, Fourniret ! » À Monique Olivier : « Pendant dix minutes, vous avez fait la toilette intime d'Élisabeth. Vous avez nettoyé le sang de la vie pour laisser place au sang de la mort. Elle vous a suppliée de la sauver, attachée sur ce lit, les bras en croix pendant toute une nuit. Et vous n'avez rien fait. L'humanité se glace à votre contact. » Projeté dans la salle, le beau visage souriant et innocent d'Élisabeth nous réapprend l'humanité.

La famille de Natacha Danais est venue en nombre, sa mère, son père et tous ses frères et sœurs et parents, dix personnes au total qui se sont constituées parties civiles. C'est leur manière de vaincre leur douleur, soudées entre elles. Unies pour faire face à ces semaines éreintantes.

Sur les écrans géants apparaît à son tour le visage espiègle de Natacha qui s'apprête à souffler ses dernières bougies d'anniversaire. Madame Marie-Josèphe Grelier, la mère de Natacha, est trop effondrée pour réussir à évoquer la mémoire de sa fille. Elle n'y parvient pas, terrassée de douleur et de culpabilité pour avoir oublié son porte-monnaie à la maison et demandé à Natacha d'aller le chercher. Ses enfants ont parlé à la place de leur mère, en des termes simples, sobres et très émouvants. Le lendemain, ils n'ont pas supporté l'évocation du viol *post mortem* de Natacha et sortiront de la salle d'audience, dignement, sans un bruit, écœurés.

Lorsque Joëlle P. s'avance à la barre pour témoigner, tous s'aperçoivent que, treize ans après les faits, cette jeune femme frêle reste brisée par l'agression. Son traumatisme extrême est palpable. Un psychiatre de Namur la suit en permanence depuis des années. Elle a fait un immense effort pour venir à Charleville-Mézières, elle qui ne sort quasiment plus de chez elle. « J'ai longuement hésité avant de venir car j'avais peur de tout ce qu'il dégage », précise-t-elle en jetant un très bref regard à Fourniret. « C'est une terreur permanente, tout revient, tout le temps. »

Elle a réussi à tromper Fourniret et a fait preuve d'un sang-froid remarquable, mais elle souffre terriblement d'avoir connu l'antichambre de la mise à mort et d'avoir survécu. Le syndrome absolu de la survivante.

Fabrice, son époux, ne cesse de lui répéter qu'elle devrait être fière « d'avoir gagné son combat contre le monstre ». Il la soutient de toutes ses forces depuis des années. Ils ont deux enfants, un garçon de 9 ans et une petite fille de 5 ans. À la barre, cet homme solide et aimant, au regard qui porte tout à la fois sa détermination et sa tristesse, précise : « Mon épouse souffre en silence. Si elle n'avait pas ses deux enfants, je pense qu'elle aurait mis fin à ses jours. C'est une lutte incessante pour sa survie. » Avant de regagner le banc des victimes, il se tourne vers Fourniret, le regarde dans les yeux et lui dit d'une voix calme et froide : « Je dis à Michel Fourniret qu'il est un lâche. C'est de la lâcheté pure. »

L'autre survivante, Sandra N., victime d'une tentative d'enlèvement, pleure à l'évocation des faits et à la peur ressentie quand elle a reconnu son agresseur comme étant Fourniret, quatre ans après les faits, au journal télévisé – Founiret, l'assassin de sept jeunes filles. Avoir évité le pire parce que son train est arrivé à l'heure l'a longuement traumatisée.

Pour Sandra, Fourniret a fait une exception quant à son mutisme à l'audience. Il lui conteste « son statut usurpé de victime. Que je sache, le fait d'aborder quelqu'un n'est pas un délit. Et il n'est pas dans mes habitudes de menacer quelqu'un ». Le président précise qu'en 2006, il avait déjà dit aux enquêteurs belges : « Cette Sandra N., je lui cracherai à la figure. » Sandra le regarde crânement, les yeux dans les yeux, la main sur son ventre de jeune femme enceinte. Elle soutient son regard méprisant. « Il me dégoûte », dit-elle en lui tournant le dos. Et je pense alors qu'elle est loin d'être la seule à éprouver ce sentiment. Son avocat, maître Dominique Rémy, tiendra à rappeler dans sa plaidoirie que Sandra s'apprête à mettre au monde un petit garçon. « Il sera le signe que le bien l'emporte toujours sur le mal, que la vie est plus forte que la mort. Je vous souhaite, Fourniret, de vivre encore longtemps, relégué dans l'obscurité totale, au fin fond d'une oubliette où croupissent ceux de votre espèce qui ont trahi le genre humain. »

Les parents de Céline Saison et son frère Loïc, unis, ont assisté à ces longues journées éprouvantes. Avec une infinie tristesse, ils ont indiqué que pendant plus de deux mois après la disparition de la jeune fille, ils ont ensemble entretenu un fol espoir. À chaque fois qu'ils s'absentaient, ils mettaient les clés sous le paillasson. « On se disait, pourquoi pas ? On pensait à tout sauf à l'horreur. » Une folle espérance avant que tout ne s'effondre et ne les terrasse.

Jean-Pierre et Maryline Saison s'avancent aujourd'hui à la barre pour témoigner à leur tour. Devant le portrait géant de leur fille, belle et souriante, au regard noir pétillant d'intelligence, pleine de vie, ils parlent de leur douleur indicible et de Céline, de ses projets anéantis, de ses bonheurs disparus pour toujours. Ils ont déménagé dans le Sud, ne pouvant plus supporter de passer devant sa chambre ou de se rendre dans ses lieux préférés.

Puis Jean-Pierre Saison se tourne vers le box et, d'une voix forte et calme, s'adresse directement à Fourniret : « Michel Fourniret, c'est la troisième fois qu'on se rencontre. Deux fois, vous nous avez fuis. Une fois en Belgique, une fois en France, lors des reconstitutions. Cette troisième fois est la bonne. Je suis en face de vous, je peux vous parler, mais je ne vais pas le faire longtemps. Je vais simplement vous regarder. » Jean-Pierre Saison fixe l'assassin de sa fille pendant de très longues minutes. Une chape de silence nous tétanise tous et l'émotion nous submerge. Des sanglots dans la voix, le père de Céline ajoute : « À travers mon regard, vous verrez peut-être celui de Céline. Ne baissez pas les yeux. Vous ne les avez pas fermés quand vous l'avez assassinée, par-derrière, avec une corde… J'ai tellement de haine que, si la vie me le permet, j'irai cracher sur votre tombe. »

Au moment de sa plaidoirie, leur avocat, maître Hervé Dupuis, est visiblement très ému. Il fait part de l'admiration qu'il éprouve pour la famille Saison : « Céline, c'était la beauté, l'intelligence, la pudeur. Elle ressemblait à ses parents. » Il rappelle que la jeune fille sortait d'un baccalauréat blanc de philosophie au moment de son enlèvement. Le sujet était : « Existe-t-il une servitude volontaire ? » À cet instant, il fixe longuement les yeux de Monique Olivier, « recrutée sur dossier par Fourniret et qui a gardé pendant dix-sept ans l'intégralité de leur correspondance. Son petit trésor qu'elle emmènera dans leurs domiciles respectifs ». Il peine à contenir sa colère : « Comme père, je ne peux pas comprendre comment vous avez pu regarder pendant toutes ces années grandir votre fils Selim avec vos yeux d'assassin. » Puis, il se tourne vers les familles : « Hommes et femmes de cœur, vous êtes les plus forts. Vous êtes les plus forts, eux sont des minables. Qu'ils retournent dans l'oubli dont ils n'auraient jamais dû sortir. »

La mère de Mananya, madame Kanyarat Thumpong, de nationalité thaïlandaise, parle difficilement le français. Elle habitait à Sedan avec ses deux filles depuis peu. À la barre des témoins, elle éprouve des difficultés à s'exprimer devant l'adorable visage de sa petite fille, violée, torturée et tuée. Elle parvient néanmoins à interpeller vivement Fourniret et, entre deux sanglots, lui lance : « Vous croyez être un homme ? Pour moi, vous êtes un rien du tout. Est-ce que moi je ferais ça ? Est-ce que je ferais ça à ta petite fille, à une petite Fourniret ? » Puis elle se tait, envahie par la colère et la détresse.

Son compagnon, Brice Longhini, le beau-père de Mananya, parle à son tour. « Mananya aurait eu 21 ans aujourd'hui. Nous avons longtemps rêvé de vengeance, maintenant nous rêvons de justice. » Puis il s'adresse à Fourniret qui fait mine de se lever : « Surtout, ne vous levez pas, c'est la hauteur qui vous convient. Merci, monsieur Fourniret, de vous être tu. Merci de ne pas avoir ajouté à la cruauté de vos actes la cruauté de vos paroles. »

Son prénom était Mananya, mais personne ne l'appelait ainsi. On l'appelait Eyes parce qu'elle avait vu le jour avec de grands yeux. En Thaïlande, paraît-il, les enfants sont à peine prénommés qu'on leur donne un surnom pour égarer les mauvais esprits. Hélas, cette tradition a été bien impuissante face à cet être malveillant.

L'avocate des parents de Mananya, maître Jocelyne Beyer-Buchwalter, tout comme sa consœur Sabine Barz, avocate de la famille Danais, insistera dans sa plaidoirie sur la responsabilité égale de ces deux tueurs en série, avec : « Une Monique Olivier qui a délivré à Fourniret son permis de tuer. Une Monique Olivier qui est une insulte à toutes les femmes. »

Elle livrera ensuite sa version du Petit Chaperon rouge, « un conte cruel contemporain où sévissent un loup et une louve à l'égale férocité ».

Tels sont les moments très forts que j'ai retenus de ces longues journées de débats, des émotions intenses qu'il me fallait contenir. J'ai souvent baissé la tête et fait semblant d'écrire ou de lire pour ne pas laisser voir mes yeux humides.

Des moments très forts, également, d'humanité et de réconfort. Ainsi, le dévouement et la gentillesse exemplaires de l'huissier audiencier, Jacques Hennequin. Il est très rare que, dans un procès d'assises, l'on parle de l'huissier audiencier dont la fonction consiste, sous l'autorité du président, à appeler les parties, experts, témoins et toute personne susceptible de participer aux débats. Il veille également à la sérénité de l'audience en s'assurant du bon ordre de celle-ci et à son respect. Mais bien au-delà de ces fonctions statutaires, Jacques Hennequin, ancien policier et arbitre de football bénévole le week-end, a été un trait d'union irremplaçable entre la cour et les familles des victimes. Chaque jour un sourire apaisant pour chacune d'entre elles, mille attentions de sa part. Se démenant partout, apportant un gobelet d'eau pour soulager une voix devenue blanche ou un mouchoir en papier pour sécher des larmes, un sourire permanent aux lèvres en dépit de ses yeux mouillés parfois, il est devenu la mascotte des familles. Elles l'ont affectueusement surnommé « Trotte-menu », car il était partout pour elles. Il a donné une image de la justice telle qu'on la souhaiterait toujours, proche et pleine d'humanité.

Pour ma part, pendant ces journées consacrées aux débats, j'ai eu le triste privilège de subir à longueur d'articles l'hostilité de monsieur Durand-Souffland. Si je prenais la parole, si je posais une question ou si je faisais un commentaire, c'était toujours inopportun, maladroit ou déplacé. Si je me taisais, c'était toujours à mauvais escient. Et ce, contrairement à tous les autres acteurs de ce procès, le président Latapie, mon collègue Xavier Lenoir, les avocats des parties civiles ou de la défense… J'étais, de toute évidence, aux yeux « du plus grand chroniqueur judiciaire » de France, le mouton noir, l'erreur de casting, l'anomalie.

Petit florilège de ces amabilités :

« L'avocat général amplifie la voix de la meute qui gronde aux marches du palais… Heureusement, le jeune avocat général, Xavier Lenoir, qui épaule, au ministère public, le dresseur de monstres, place alors une intervention tranchante, remettant l'accusation à son juste niveau. Et le président Latapie qui est, lui, d'une grande justesse psychologique… »

« Nachbar, parti en grand équipage à la chasse aux monstres. […] L'avocat général morigène le tueur après ses insultes à maître Seban. Autant gronder un Viking qui ne s'essuierait pas les pieds en entrant dans son drakkar après avoir dévasté un village normand… […] La force de maîtres Chemla et Seban réside dans leur capacité à se rapprocher physiquement du box tout en restant inaccessibles à ses artifices. L'avocat général n'a pas cette capacité. Il tombe dans des pièges dérisoires. […] Maître Delgenes est certes partial, comme l'avocat général, mais lui a au moins le sens de la nuance. »

Pourquoi cette animosité ? Était-ce mon crime de lèse-majesté des premiers jours, lorsque je lui avais fait part de ma réserve sur le qualificatif de « belliqueux » ? Je m'étais pourtant bien gardé de réitérer ma lourde faute. J'ai même réussi à taire mes rires à la lecture de ses écrits et de son style, loué par certains, et que je considérais pour ma part – au risque d'être à nouveau cloué au pilori –, comme lourd et ampoulé : « Les gros doigts de Fourniret, madriers miniatures. […] Il n'y pas de vide sanitaire entre les accusés de la défense et les avocats qui constituent comme une douve au pied du donjon assiégé. […] Voici, à l'écran, Monique Olivier… elle fait penser à ces personnages peints par Bacon… D'abord elle dénonce son époux. Puis, au fil des heures, comme si elle parlait la bouche pleine de coquillettes trop cuites, elle reconnaît sa participation au crime… » Quelle élégance dans le style et l'image littéraire ! N'est pas Albert Londres qui veut…

Le harcèlement médiatique incompréhensible de monsieur Durand-Souffland m'a véritablement surpris et, je l'avoue, un peu agacé au début. Puis ce verbiage pompeux m'a fait rire, ce qui n'a pas été fréquent pendant ces deux mois.

La veille de mon réquisitoire, à l'occasion d'une suspension d'audience, monsieur Durand-Souffland s'avance vers moi. Je suis surpris car, en deux mois, je me suis gardé de tout contact avec lui. Il souhaite me donner un précieux conseil quant à mes réquisitions du lendemain. Je n'ai aucune envie d'engager une quelconque conversation avec lui mais, par curiosité, je l'écoute. Il me dit que « dans cette affaire, tout est plié. Après ces deux mois, les condamnations à perpétuité sont acquises à l'avance. Ce qui aurait de la gueule, c'est qu'au moment de mes réquisitions, je me lève pour déclarer : application de la loi, tout simplement, et qu'aussitôt après je me rassois. » J'ai cru véritablement avoir mal compris ou mal entendu, et il a réitéré son propos. Interloqué, je lui ai répondu que, d'une part, rien « n'était plié », au moins pour Monique Olivier, et que, d'autre part, même devant le tribunal de police qui juge des simples contraventions, je n'ai jamais requis la seule application de la loi, formule creuse et facile qui, par ces quatre mots, résument tout un réquisitoire. Je crois devoir expliquer, serait-ce en quelques phrases, les raisons de mes réquisitions. Son regard hautain m'a déplu et je lui ai demandé, pour l'avenir, de conserver ses précieux et intelligents conseils pour ses articles.

Je m'interroge toujours sur le but de cette démarche. A-t-il pu imaginer un instant que j'allais tomber dans un piège aussi grossier ? Devant les familles des victimes, 450 journalistes venus du monde entier, des milliers d'auditeurs ou de lecteurs des comptes-rendus de ce procès, était-il seulement envisageable que je me déconsidère de la sorte ? La presse se serait déchaînée, à juste titre, contre mon dilettantisme, mon inconscience ou mon mépris. Mais, peut-être a-t-il eu seulement un moment d'égarement ou de fatigue intellectuelle après ces longues semaines ? Je l'espère pour lui.

Le réquisitoire

Le lendemain est consacré au réquisitoire de l'avocat général. Des avocats généraux, plus exactement, car j'ai souhaité que mon collègue, le substitut Xavier Lenoir, m'assiste depuis le premier jour. C'était une sécurité en raison de la durée du procès, et il était l'un de mes substituts dont je connaissais le sérieux et la conscience professionnelle. Il a été convenu entre nous que, dans nos réquisitions orales, j'évoquerais les faits criminels et que lui se chargerait d'aborder les aspects de la personnalité des accusés. Je reprendrais ensuite la parole pour requérir les peines.

Très loin de requérir la seule application de la loi, j'ai requis pendant près de quatre heures, et mon collègue Xavier Lenoir pendant une heure, soit au total cinq heures. L'enjeu pénal, le nombre de faits criminels et de victimes, l'horreur des faits commis et la perversité hors du commun de ce couple le justifiaient à mon sens largement.

Avant ce procès j'ai eu à requérir dans plus de soixante-dix affaires criminelles. Chaque avocat général a bien sûr sa conception personnelle de cet exercice et son style propre. Pour ma part, j'exclus d'user de mots savants ou de me livrer à une réflexion intellectuelle, au risque de verser dans un pseudo-intellectualisme qui ne satisfait que son orateur. Le chroniqueur judiciaire du journal *Le Monde* m'avait également conseillé, cette fois avec des mots aimables, de faire référence dans mes réquisitions à Primo Levi ou Hannah Arendt et la banalité du mal. Au cours de mes études, j'avais lu ces deux auteurs majeurs, mais là, je ne participais pas à une conférence à la Sorbonne, j'allais requérir devant une cour d'assises qui jugeait un couple d'assassins et de violeurs de fillettes ou de jeunes filles, tel que notre pays n'en avait jamais connu auparavant. Dans une cour d'assises, il existe indéniablement une théâtralisation, une mise en scène de la parole. Et, pour reprendre une expression fort juste des frères Emmanuel et Mathias Roux dans leur livre *Le Goût du crime*, « ce théâtre fonde son efficacité par la parole ».

Je veux avant toute chose être efficace. Je requiers donc avec des mots simples et souvent forts qui, je le souhaite, marqueront les esprits. Je requiers pour les jurés en premier lieu, car c'est en grande partie à eux que revient la décision finale et je veux leur faire partager ma conviction. Et je requiers pour les victimes ou les familles de victimes, car il me semble essentiel que, par ma voix, les jurés entendent toute la considération et la compassion que la société leur porte.

Après m'être incliné à la mémoire des sept malheureuses victimes du couple Fourniret-Olivier, en citant leurs prénoms, j'ai résumé chaque affaire pour laquelle Fourniret et Monique Olivier étaient jugés. J'ai souhaité rappeler ces faits en n'occultant aucun détail, même les plus terribles à entendre. Car ces horreurs justifiaient à mon sens les peines maximales que j'allais requérir, pour Fourniret bien sûr, mais tout autant pour Monique Olivier.

Pour elle, cette condamnation à la réclusion à perpétuité n'allait pas de soi, contrairement à ce que certains pouvaient penser. L'enjeu était de taille. En effet, la DACG avait à notre demande réalisé une étude juridique sur la situation de Monique Olivier. Dans l'hypothèse où elle était condamnée à la réclusion criminelle à perpétuité, elle encourait, si la cour d'assises le décidait, une période de sûreté de trente ans. Par contre, dans l'hypothèse où la perpétuité n'était pas décidée, la cour d'assises ne pouvait pas prononcer une peine supérieure à vingt ans, en raison des règles complexes d'application de la loi pénale dans le temps, qui ne peut être rétroactive. Le prononcé d'une peine de vingt ans de réclusion aurait par ailleurs entraîné l'application des dispositions relatives aux diverses réductions de peine, automatiques, supplémentaires et exceptionnelles. Notre système de réductions de peine est certes justifié dans son principe mais, je l'ai toujours pensé, très excessif dans son application. Je savais que, dans cette dernière hypothèse, Monique Olivier serait libérable en 2019 ! Au regard des atrocités commises froidement par sa dangerosité perverse, que nous étions un certain nombre à considérer comme extrême, je ne pouvais l'envisager. J'étais fermement décidé à en convaincre la cour et les jurés.

J'ai donc repris les crimes un à un et utilisé des mots forts, très forts et, je le pense aujourd'hui, parfois trop forts.

Pour qualifier les accusés, j'ai utilisé à plusieurs reprises le terme de « monstres ». On me l'a beaucoup reproché. Il me semble pourtant d'un bon sens élémentaire que des êtres humains qui commettent sur une période de quatorze années des crimes aussi monstrueux sur de jeunes enfants n'usurpent pas cette caractéristique. Ce n'étaient évidemment pas des monstres au sens physique du terme, mais bien des monstres d'inhumanité, de cruauté, de froideur. Je suis loin d'être le seul à avoir utilisé ce terme. Les mêmes journalistes qui s'en sont offusqués l'ont fait également ou en termes similaires, « l'ogre des Ardennes et l'ogresse, le couple monstrueux, la femme du monstre, le couple diabolique, la sorcière, les diaboliques, les fauves, la muse maléfique… ». Et quoi qu'en disent mes censeurs, je persiste à considérer Fourniret et Monique Olivier comme des monstres. Je ne suis pas le seul. Certains experts ont également pensé qu'ils n'avaient rien d'humain. Dans une interview au magazine *Society*, le docteur Zagury, qui a expertisé les pires tueurs en série, une quinzaine au total, a précisé : « À chaque fois (avec les autres tueurs en série), j'ai vécu des petits moments de partage et d'humanité. Avec Fourniret, rien. Il y avait dans sa perversion jusqu'au-boutiste quelque chose qui éradique complètement le sentiment humain. »

En évoquant le meurtre d'Isabelle Danais et face à un mensonge grossier de sa part, je me suis également adressé à Fourniret en ces termes : « Laissez-moi vous dire, Fourniret, vous êtes un clown et ce n'est pas une insulte, il y a des clowns sympathiques, au service et pour le plaisir des enfants ; vous, vous êtes un clown grimaçant et grotesque, au service du Mal, et couvert de sang. » Cela m'a été vivement reproché dans un communiqué du Syndicat de la magistrature, qui a considéré que j'avais « humilié publiquement un tueur en série et usé d'un langage indigne… » À vrai dire, cette prise de position syndicale ne m'avait pas véritablement surpris, contrairement à un courrier que j'ai reçu ensuite d'un représentant de la profession des clowns qui m'a indiqué « avoir été surpris et très blessé par votre comparaison, qui a été relayée par tous les médias dans un procès aux multiples retentissements. Quel gâchis pour notre profession ! C'est inadmissible pour un homme de votre rang… de votre classe ! Dont la qualité principale est le choix des mots, des termes et des phrases… » J'ai été étonné par ce reproche, car j'étais évidemment bien loin de vouloir froisser une profession aussi sympathique.

Plus amusant a été un billet d'humeur écrit à cette occasion par Philippe Bouvard, intitulé « Courtoisie judiciaire ». « En reprochant à l'avocat général d'avoir humilié Michel Fourniret, traité par lui de "fêlé" et de "clown grotesque", le Syndicat de la magistrature soulève une délicate question. Comment s'adresser, dans un prétoire, à un septuple assassin ? Faut-il lui dire "monsieur le monstre" ou "honorable assassin" ? Peut-on aller jusqu'à le qualifier de triste sire ? Doit-on, comme le président de la cour d'assises l'a fait avant le verdict, un vendredi soir, lui souhaiter un "bon week-end" puis, plus tard, s'inquiéter d'une chevelure elle aussi massacrée ? Il semble que la loi garantissant la présomption d'innocence ajoutée à l'abolition autorisant de conserver la vie à ceux qui l'ont ôtée à autrui aboutit à une certaine confusion. Ainsi tendrait-on à manifester des égards envers un bourreau qui en a si cruellement privé ses victimes. »

Parfois j'ai usé de mots forts que je ne regrette pas. « Mesdames et messieurs les jurés, nous sommes en présence de deux êtres monstrueux de cruauté et de méchanceté. Nous sommes dans les tréfonds de l'inhumanité, dans les abysses de la perversité, dans les ténèbres du Mal. Je ne sais pas si le diable existe. Je ne le sais pas. Mais ce que je sais, ce dont je suis convaincu, c'est que, s'il existe, c'est un diable à deux visages. Un verso apparent avec la face boursouflée de vanité du petit Fourniret et un recto soigneusement dissimulé, travesti, maquillé, avec une face blanche, dénuée de toute émotion, de tout sentiment, une face impassible, impavide, lisse de toute humanité, la face de Monique Olivier. » Cette image correspondait à ma vision de ce couple assassin, et je l'ai livrée telle que je le ressentais alors profondément et telle qu'elle reste gravée en moi.

Ou bien encore, lorsque je m'adresse à Monique Olivier en ces termes : « Monique Olivier, mère de famille, mère de trois enfants, au cœur toujours sec, au cœur de pierre, au cœur qui n'a jamais battu que pour elle seule, Monique Olivier qui avez trahi la cause de toutes les mères et de toutes les femmes, et la cause humaine. Monique Olivier, femme qui, pour vous venger de toutes vos frustrations passées et très largement exagérées pour les besoins de la cause, pour assouvir vos fantasmes les plus pervers, les plus primitifs, les plus archaïques, vous aimez à voir souffrir ces jeunes filles martyrisées, suppliciées par vous et votre fauve, toutes ces jeunes filles qui représentent tout ce que vous n'êtes pas et ne serez jamais, la gentillesse, la pureté, l'humanité. » J'ai jeté ces mots au visage de Monique Olivier en espérant que les jurés en retiennent quelques passages au moment de leur délibération, car l'enjeu pénal était majeur pour « la sorcière sournoise » comme l'avait qualifiée également avant moi maître Thierry Moser.

Ces exemples de propos que j'ai tenus, ainsi que le ton que j'ai adopté, sont certes peu fréquents en cour d'assises. La plupart de mes collègues préfèrent, peut-être à raison, des termes moins vifs et un ton plus calme. Pas moi, et je ne les regrette en rien.

Par contre j'ai également usé de mots que je ne prononcerais plus aujourd'hui. C'était assurément une erreur de les avoir utilisés. Lorsque j'ai qualifié à plusieurs reprises Fourniret et Monique Olivier de « fêlés », j'ai pris la précaution d'indiquer que ces termes n'étaient pas de mon cru, puisqu'ils avaient déjà été utilisés par eux-mêmes, par exemple Monique Olivier qui lui avait écrit, lors de son incarcération en 1987 : « Tu vois, moi aussi, j'ai la tête un peu fêlée. Ce qui prouve qu'entre fêlés, on se comprend. » Par conséquent, je me sentais autorisé à reprendre ce terme.

Il en a été de même pour les comparaisons animalières dont a fait l'objet Monique Olivier, pendant l'instruction ou lors du procès. Dans mes réquisitions, j'ai indiqué : « Selon les propos de son époux, un véritable bestiaire de Monique Olivier pourrait être écrit : poule stupide, oie presque blanche, méduse, poule lobotomisée ou, selon la sœur de Farida Hamiche, grosse limace gluante… »

Autre exemple. Lors de l'audience, Fourniret s'était adressé à Monique Olivier en ces termes : « J'en peux plus de cette bonne femme, elle est à gerber ! » Et j'ai à mon tour repris ces mots en m'adressant à Fourniret : « Cela fait cinq ans que je supporte toutes ces horreurs, cinq ans que je mobilise toute mon énergie pour les familles, pour la société… mais je n'en peux plus de toutes ces horreurs, le visage de toutes ces jeunes filles me hante. À gerber, Fourniret, à gerber Olivier. » Un gros mot qui me sera vivement reproché. Même s'il émanait à l'origine de Fourniret, il était inadapté. Mais il traduisait pourtant une triste réalité, et Fourniret pouvait provoquer un sentiment de dégoût jusqu'à entraîner des nausées. Je n'ai pas été le seul à le dire. Dans une interview au magazine *Society*, le docteur Zagury a indiqué : « J'ai passé sept heures en face de lui. À la fin, j'avais envie de gerber. J'en ai fait des cauchemars. J'en ai ma claque de Fourniret. » Fourniret suscitait assurément cette réaction physique.

J'ai cru qu'en reprenant des termes déjà utilisés par d'autres, cela allait suffire à écarter toute accusation de grossièreté. J'ai fait preuve de naïveté car aucun journaliste n'a repris cette précaution oratoire. Il était certainement plus « vendeur » de ne pas le mentionner et je me suis reproché de ne pas avoir pensé à cette pratique médiatique commode.

Cependant, ces termes, même empruntés à d'autres, étaient certainement trop familiers devant une cour d'assises. J'ai en outre, en quelque sorte, aggravé mon cas puisque j'ai poursuivi dans la même veine, sans emprunt à quiconque cette fois, en parlant de Fourniret comme d'un « monstre nécrophile qui n'a que les apparences de l'être humain » et « de sa pauvre cervelle bouffie de vanité ridicule et de toute-puissance perverse ».

En outre, j'ai souhaité compléter le bestiaire de Fourniret. « Le domicile des Fourniret m'a depuis longtemps fait penser à une gigantesque toile d'araignée. Une toile occupée par un couple d'araignées visqueuses et poisseuses. Dans un coin de la toile, tapie, cachée, une grosse araignée gluante dont les grandes pattes sont atteintes parfois et volontairement de tremblements curieux. La face pâle de cette araignée est flasque et recèle deux petits yeux fuyants, méchants, cruels. Et au centre de cette toile, bien au centre, en pleine lumière, une petite araignée, toute petite, et qui essaie en permanence de se gonfler, de devenir aussi grosse que l'autre. Une toute petite araignée qui ne cesse de vibrionner dans tous les sens pour plaire à l'autre et l'exciter… »

Même si l'image m'a semblé juste, ce bestiaire était inapproprié. Je n'aurais pas dû me livrer à cette familiarité.

La presse n'a pas manqué de critiquer mes réquisitions, parfois à juste titre, et parfois de façon injustifiée et en tronquant certains de mes propos. Certains articles m'ont vraiment surpris. Ainsi, la chroniqueuse judiciaire du journal *Libération*, Patricia Tourancheau, s'était empressée de me parler lors d'une suspension d'audience, à mi-parcours de mon réquisitoire. Elle m'avait félicité pour la justesse et la force de mes propos. Je l'avais remerciée pour ces éloges qui m'étaient apparus presque excessifs. Le lendemain, à l'instar d'un certain nombre de ses collègues de la presse nationale, elle a pourtant écrit que mon réquisitoire « a été critiqué par les médias, les avocats et peut-être par la Chancellerie pour ses mots crus et insultants empruntés à un vulgaire bestiaire ou à l'imagerie des contes cruels, et que le substitut Xavier Lenoir, dans son coréquisitoire, a rétabli les excès de son supérieur Francis Nachbar ». Comprenne qui pourra. Avait-elle radicalement changé d'avis au cours de la nuit ? Avait-elle été atteinte de suivisme journalistique en voulant imiter certains de ses collègues ? Son comportement a été pour le moins curieux.

À la suite de ces critiques médiatiques, le procureur général Éric Enquebecq m'a conseillé de faire un point presse pour rétablir certaines vérités quant aux propos que j'ai tenus. Les jurés s'étant retirés pendant deux jours dans une caserne, sans aucun contact avec l'extérieur, aucune tentative de pressions ne pourra m'être reprochée. J'accepte volontiers car je considère en effet que cette idée est judicieuse. Lors de cette conférence de presse, je tente donc d'expliquer la rudesse de certains de mes propos. Je rappelle que « les quelques gros mots » que j'ai utilisés étaient des citations empruntées aux accusés eux-mêmes et que j'avais pris la précaution de l'indiquer, hélas en vain. J'indique également avoir « développé des réquisitions orales en toute conscience, en toute liberté, avec ma conviction profonde et avec mon cœur, tout simplement. J'ai dit exactement ce que je pensais, avec une liberté de ton peut-être un peu inhabituelle dans un procès d'assises. Mais les familles des victimes ont fait preuve d'un tel courage au cours de ces huit semaines qu'il m'est apparu indispensable que le ministère public, en charge des intérêts de la société, s'exprime avec franchise… C'est le dossier qui est nauséabond, pas quelques mots utilisés. »

Ce point presse a été à l'origine de nouvelles critiques. Les médias, le Syndicat de la magistrature et certains hiérarques du ministère de la Justice se sont offusqués de cette initiative, car la cour d'assises délibérait et n'avait pas rendu son verdict. Ils n'ont pas pris en compte l'impossibilité de toute influence de ma part. J'avais pourtant indiqué avoir attendu que les jurés soient isolés avant de prendre la parole.

Il n'en reste pas moins que ce point presse a été une erreur dont j'assume toute la responsabilité.

Le 7 janvier 2009 a lieu l'audience solennelle de rentrée de la Cour de cassation, qui marque d'une part la clôture de l'année judiciaire 2008 et en trace le bilan, et, d'autre part, l'ouverture de l'année en cours et les perspectives d'actions. Cette cérémonie traditionnelle se déroule en présence du président de la République, du garde des Sceaux, des magistrats de la Cour de cassation, des premiers présidents et procureurs généraux, des présidents et des procureurs de la République.

Quelques heures auparavant, je croise Jean-Louis Nadal, le procureur général de la Cour de cassation, dans les rues de Paris. Nous nous sommes déjà rencontrés. Le procureur général me reconnaît. Très souriant et expansif, il me salue chaleureusement et me remercie vivement d'être présent à cette audience de rentrée.

Au cours de son discours, un peu plus tard, devant les plus hautes autorités de l'État, il livre ses considérations sur l'indépendance de la justice. « L'un des aspects les plus emblématiques de cette indépendance est la liberté de parole à l'audience : la plume est serve mais la parole est libre. Si cet adage tire ses lettres de noblesse de l'ancien droit, il n'en est pas moins une prescription légale actuelle, inscrite tant dans l'ordonnance statutaire que dans le Code de procédure pénale et qui s'impose non seulement au représentant du ministère public mais aussi à sa hiérarchie qui doit savoir où s'arrête son droit de demander des comptes. Pour autant, cette liberté n'autorise pas à toutes les licences. Beaucoup de magistrats, je pense, sont mal à l'aise quand ils entendent que tel ou tel de leur collègue, prenant des réquisitions contre l'auteur de faits d'une extrême gravité, ayant causé un scandale immense, un malheur indescriptible, ont cru rendre des devoirs à l'opinion publique et faire honneur aux victimes, en se livrant à l'invective, voire à la vulgarité contre l'accusé. De ces magistrats qui confondent rigueur et emportement, je dis simplement qu'ils font fausse route. Le droit de tout dire, le respect dû aux victimes, la nécessaire sévérité à laquelle nous appellent certains faits ne doit pas nous faire oublier notre devoir de se conduire en dignes magistrats. »

Nul besoin d'être grand clerc pour comprendre que cette saillie me concerne directement. Quelques regards de collègues se tournent vers moi, certains ironiques et amusés, d'autres ravis ou désapprobateurs, c'est selon. L'audience terminée, je profite d'un bref moment où le procureur général est disponible et je l'aborde. Je lui indique très directement que je n'ai pas compris sa critique publique à mon endroit et lui explique brièvement le contexte dans lequel j'ai prononcé ces quelques « gros mots. » Je ne dissimule pas mon sentiment d'injustice et je termine mon propos en lui précisant que, dans cette affaire Fourniret- Olivier, je n'ai jamais eu l'impression de me conduire en « magistrat indigne » comme il l'a suggéré.

Aussitôt, avec un large sourire amical et chaleureux, le procureur général me prend par le bras et me dit : « Mais comment, monsieur le Procureur, avez-vous pu penser un seul instant que je parlais de vous ? Je vous connais trop et j'apprécie trop vos exceptionnelles qualités professionnelles. Je ne faisais en rien référence à vos propos dans cette affaire Fourniret, mais aux réquisitions très maladroites d'un substitut lors d'un autre procès d'assises. »

Il est tellement convaincant et cordial, il me paraît tellement sincère et désolé de cette mauvaise interprétation de ma part, que je sors rasséréné de cet entretien. Le lendemain, en relisant son discours, ma crédulité de la veille est évidente. Aucun doute n'est permis et ce sont bien mes propos qui étaient visés par cette critique *urbi et orbi.*

Dans l'acte V, scène 2, Molière fait dire à Dom Juan que « l'hypocrisie est un vice à la mode et tous les vices à la mode passent pour des vertus ». Cette vérité d'alors n'a rien perdu de son actualité et je ne suis pas surpris que Jean-Louis Nadal ait réalisé une belle carrière.

La réalité face au « buzz » médiatique

À l'issue de ce procès, j'ai le sentiment que les cinq ans de mon investissement total sont balayés par ces quatre ou cinq gros mots prononcés maladroitement. Mon acharnement à découvrir les corps de plusieurs victimes et à identifier d'autres malheureuses, ma participation au rythme soutenu de l'instruction et à la régularité de la procédure franco-belge, la bonne organisation du procès, l'attention toute particulière portée aux familles des victimes, les condamnations maximales obtenues, tout ceci est occulté par cet épisode de buzz médiatique relayé par une partie de la hiérarchie judiciaire.

Les critiques ont été nombreuses, mais j'ai également reçu des messages auxquels j'ai été très sensible. Plusieurs commentateurs du monde de la presse ont reconnu avoir été sensibles à la qualité de mes réquisitions, et notamment à ma sincérité, à ma connaissance du dossier et à ma force de conviction.

Dans les jours qui ont suivi, la garde des Sceaux, Rachida Dati, m'a assuré de son entier soutien. Cela m'a d'autant plus réconforté qu'elle n'ignorait évidemment rien du suivisme médiatique d'une partie de la hiérarchie judiciaire et, parfois, des excès et des injustices des journalistes.

Philippe Bouvard, à nouveau, a livré une réflexion pleine de bon sens dans une émission radiophonique.

Toujours à titre anecdotique, une lettre m'a été adressée dans les semaines qui ont suivi. Elle était écrite à l'encre verte. « Monsieur l'Avocat général, il me fallait vous féliciter pour votre réquisitoire exemplaire… Il me fallait vous dire mon admiration et mon respect… Il me fallait vous remercier pour ce que vous faites et ce que vous êtes. Voilà qui est fait. Bien à vous. Alain Delon. »

Surtout, j'ai reçu plusieurs courriers des familles qui m'ont remercié, et cela m'a véritablement fait chaud au cœur. Plusieurs m'ont fait part de leur sentiment que justice avait été rendue et bien rendue. Pour certains, je leur aurais même redonné confiance en elle. Il ne pouvait, à mon sens, y avoir de plus beau et émouvant compliment. Monsieur Laville a tenu à ajouter que « je tenais une place importante pour lui et sa famille ». Des mots très forts que je ne pourrai pas oublier.

Pendant cinq années, je me suis consacré totalement à ces crimes et à ces disparitions. J'ai été obsédé par la détresse des familles, la recherche des corps de leurs enfants et l'identification des autres victimes du couple. Peut-être ai-je trop pensé à ces familles qui vivront jusqu'à leur dernier souffle sur une autre rive que la nôtre, celle du chagrin irrémissible. Mes obsessions m'ont-elles conduit à entrer dans la logique folle des fantasmes de ces deux criminels en série et d'éclairer les cavités les plus opaques de leurs cerveaux malades, au risque de m'abîmer ? Peut-être les ai-je approchés de trop près et pénétré imprudemment dans leurs ombres malfaisantes.

Leur perversité innommable, leur inhumanité, la cruauté inouïe de leurs propos ou de leurs comportements, cette haine de l'autre qu'ils incarnaient, ces deux coquilles vides de toute émotion, ce Mal absolu, tout cela m'était devenu insupportable et mon dégoût est apparu au grand jour, qui explique vraisemblablement mes réquisitions atypiques.

La parole à la défense et le verdict

Après mes réquisitions, les avocats de la défense ont plaidé. Pour Fourniret, l'enjeu était inexistant. Pour ceux de Monique Olivier, entraîner la conviction de la cour d'assises pour qu'elle échappe à une peine de perpétuité était la seule gageure.

Le 27 mai 2008, vers 15 h 30, la cour et les jurés se rendent dans la caserne des CRS de Charleville-Mézières pour délibérer. Le 28 mai à 15 heures, le verdict est rendu. La cour d'assises a suivi mes réquisitions de condamnations aux peines maximales prévues par le Code pénal pour les deux accusés : réclusion criminelle à perpétuité incompressible pour Fourniret, réclusion criminelle à perpétuité avec une période de sûreté de vingt-huit ans pour Monique Olivier. J'avais requis pour elle la période de sûreté maximale de trente ans. Ces deux années de moins importent peu car, peut-être ont-elles évité un appel de sa part, et donc un second procès et une souffrance supplémentaire pour les familles.

Cette peine de perpétuité incompressible, c'est-à-dire la perpétuité réelle, sans aucune possibilité de permission de sortie, de réduction ou d'aménagement de peine, n'avait été prononcée que deux fois auparavant en France. À l'encontre de Pierre Bodein, dit « Pierrot le fou », pour trois viols et meurtres de jeunes femmes, et à l'encontre de Christian Beaulieu pour le meurtre et le viol du petit Mathias, 4 ans. Je n'ai évidemment eu aucun état d'âme à la requérir. Pour Fourniret, il était totalement vain d'imaginer une quelconque resocialisation ou rédemption. Loin de tout angélisme, je suis convaincu que ce n'est pas désespérer de l'être humain que de considérer que certains ne pourront jamais retrouver une place dans notre société.

Monique Olivier est, je crois, la seule femme à avoir été condamnée à une peine de réclusion criminelle à perpétuité assortie d'une période de sûreté aussi longue.

Quelques mois plus tard, je pars pour Le Havre à la suite de ma nomination en qualité de procureur de la République. J'y resterai sept ans avant d'être nommé avocat général à la cour d'appel de Rennes, fonctions que j'exercerai pendant près de quatre ans. Pendant ces onze années, j'ai souhaité ne plus requérir aux assises. Sans doute un phénomène de saturation, alors que cette fonction m'était toujours apparue comme l'une des plus éminentes de la justice pénale.

En janvier 2019, je suis nommé procureur général à Cayenne. L'activité pénale dans le département de la Guyane est particulièrement soutenue, avec un taux de criminalité très élevé. En conséquence, les sessions d'assises se tiennent sans interruption. Je ne peux donc laisser cette lourde charge à mes seuls collègues et, onze ans après le procès Fourniret-Olivier, j'ai assumé à nouveau la fonction de représentant du ministère public devant cette juridiction criminelle.

Au cours de ces trois années en Guyane, j'ai requis dans une quinzaine d'affaires très graves d'assassinats, de meurtres, de viols, de séquestrations, de vols à main armée. J'ai requis et obtenu plusieurs peines de réclusion criminelle à perpétuité, lorsque je les estimais indispensables à la protection des intérêts de notre société. J'ai toujours requis avec ma sincérité, ma conviction, ma liberté de ton et de parole.

Comme l'a écrit la romancière québécoise Michelle Le Normand, « le temps passe et parfois ne change rien ».

Épilogue

Quinze années ont passé depuis le procès Fourniret-Olivier. Il m'a fallu quinze ans avant d'écrire ce livre. Quinze ans pendant lesquels j'ai tenté, souvent en vain, d'oublier les horreurs commises par ce couple assassin. Quinze ans pendant lesquelles la terrible détresse des familles est restée gravée en moi.

Aujourd'hui, les souvenirs douloureux sont ravivés et les images insupportables sont réapparues. Les cauchemars aussi. Mais je me sens libéré. L'écriture s'est révélée une catharsis dont j'avais inconsciemment besoin. Mes sentiments jusqu'alors refoulés se sont exprimés librement, mes échecs, mes erreurs et mes satisfactions. Les injustices et outrances subies. Mes obsessions, peut-être au-delà du raisonnable, au service des familles de ces malheureuses victimes et au service de la justice. Ma détermination totale de mettre définitivement hors d'état de nuire ces deux êtres malfaisants.

Aujourd'hui, je médite, seul, sur les rochers de grès rose du cap Fréhel, sur la Côte d'Émeraude, à l'heure où le soleil se couche. Ce cap qui sépare les baies de Saint-Brieuc et de Saint-Malo est l'un des sites remarquables des Côtes-d'Armor. C'est l'un des plus beaux couchers de soleil de Bretagne. Une émotion intense m'envahit. Je rêve…

Pourquoi penser à cet instant aux vieilles légendes bretonnes ? La Houle de Poulifée du cap Fréhel, cette grotte creusée par la mer, haute comme une cathédrale et qui s'étend si loin que personne, dit-on, n'a encore osé y pénétrer jusqu'au fond. Sauf les fées qui y habitent et en sortent à la nuit tombée.

Je rêve… Et je vois ces fées aux visages des victimes de l'ogre et de l'ogresse.

Une mouette passe et me regarde. De son cri rauque, elle pleure, elle m'approuve ou se moque, je ne sais.

Je rêve, seul, face à l'immensité de l'océan, à son éternité. Et si les visages de toutes ces malheureuses pouvaient être éternels ?

À l'horizon, le soleil se couche, boule orange lumineuse qui se noie peu à peu. Je rêve… Les sourires des familles, des mères, des pères, des frères et sœurs, des amis, ces visages beaux et tristes à jamais, se confondent avec l'astre et s'engloutissent dans les flots.

Et je m'éloigne.

Remerciements

Ma profonde reconnaissance à Isa, mon épouse, mon précieux soutien moral dès les premiers jours de cette sombre affaire et tout au long de l'écriture de ce livre. Sa patience, son bon sens, sa franchise et sa rigueur intellectuelle furent inestimables.

Mes remerciements, et bien plus encore, à mes enfants, Pierre, Anne et son conjoint Constantin, pour leurs avis et leurs conseils judicieux.

Un grand merci également à ma belle-sœur Jocelyne Bousquet, amatrice rompue aux finesses de la langue française.

Toute ma gratitude à Jacques Dallest, un ami, ancien procureur général lui aussi, qui n'a cessé depuis plus de dix ans de tenter de me convaincre d'écrire ce livre. Et qui a réussi ! Merci mille fois.

J'associe à ces remerciements mon éditeur Louis de Mareuil et son équipe pour sa confiance, ses encouragements et ses suggestions pertinentes. Que tous trouvent ici l'expression de ma sincère et profonde gratitude.

Composé par Facompo, Rouen

Imprimé en France par CPI Firmin-Didot
en octobre 2023
N° d'impression : 176966
Dépôt légal : octobre 2023